Liebe Leserin, lieber Leser

Mit meinem ersten Buch erfüllte ich mir meinen Jugendtraum: zu schreiben. Ich hatte viel Freude daran, Ihnen meine Lebenserfahrungen zu vermitteln, Ihnen zu raten und zu helfen. Es war aber auch Neugierde dabei, zu erleben, wie es ist, ein selbstgeschriebenes Buch in Händen zu halten.

Das ist nun zwei Jahre her – und die Erfahrungen dieser Zeit haben mich zutiefst berührt. Ich bin sehr glücklich, daß mein Buch vielen Menschen ein lieber Freund wurde, der ihnen Mut, Zuspruch und Hilfe brachte – und ich danke allen, die mir noch immer ihr Herz öffnen, mir schreiben, meine Seminare und Vorträge besuchen, Freundschaft mit mir schließen und wieder lächeln lernen. Sie haben mir schönere, aufregendere, lehrreichere und tiefere Einsichten beschert, als ich bisher hatte, und deshalb schreibe ich mein zweites Buch vor allem mit der Motivation, Sie durch Ihre innere und geistige Kraft zur richtigen Art des Lebens zu führen: zu einem Leben aus Freude und zu einem Leben in Freude! Und ich werde Ihnen auf den folgenden Seiten all das nahebringen, von dem ich glaube, daß es für Sie wertvoll und lebenswichtig sein kann.

Ich wünsche mir von ganzem Herzen, daß Sie damit Schritt für Schritt und Kapitel für Kapitel immer selbstbewußter und begeisterter »das Leben willkommen heißen« und dadurch Ihren Lebensweg intensiver genießen. Wenn Sie durch die Arbeit mit diesem Buch dahin kommen, jeden Tag als Geschenk zu erkennen, dann haben Sie ein wundervolles Ziel erreicht: die Freude am Dasein.

Sie werden meine Begeisterung bei der Entstehung dieses Buches spüren, und sie wird Ihnen bestimmt weiterhelfen bei Ihrer Arbeit an sich selbst. Öffnen Sie sich für neue Erkenntnisse und bessere Energien, wird Ihr Herz von Friede und Harmonie erfüllt sein. Sie werden sich vitaler und gesünder fühlen, und Ihr Glaube an sich selbst, an Liebe und Freude, kehrt zurück. Ihr Leben wird wertvoll!

Ich will Ihnen kein trockenes Sachbuch an die Hand geben, denn Humor ist eine wichtige Würze des Lebens und sollte uns nie abhanden kommen. Trotz der Fülle an Information und der Arbeit, die hier auf Sie wartet, habe ich doch auch mein liebevolles und zuversichtliches Lächeln in dieses Buch hinein verpackt – hoffentlich spüren Sie es und lassen sich davon anstecken! Und sollten Sie zu der Spezies gehören, die eisern immer die Mundwinkel hängen läßt, oder sollten Sie ein Genie in Trostlosigkeit sein – dann haben Sie zwar ein anständiges Stück Arbeit vor sich, doch Ihr Leben ist nachher verwandelt und wie neu!

Egal, ob Sie es glauben oder nicht: Das Leben ist schön, und damit auch Sie zu dieser Überzeugung kommen, habe ich all mein praktisches und intuitives Wissen in diesem zweiten Buch für Sie niedergeschrieben. Lernen Sie bewußt zu denken und zu handeln, und entdecken Sie Ihre uneingeschränkte Macht, sich selbst eine glücklichere, gesündere Welt erschaffen zu können, indem Sie jeden Tag voller Zuversicht begrüßen. Dann sind Sie ein zufriedener, hoffnungsfroher Mensch – und das ist ein herrlicher Zustand.

Leider ist das Leben so: Wenn Sie Ihr Glück nicht planen, Ihren Erfolg nicht gezielt anstreben, nicht lernen zu agieren, sondern immer nur reagieren, wird Ihr Dasein eher schmerzlich sein.
In diesem Buch möchte ich Ihnen ganz eindringlich vor Augen führen, wie wichtig es ist, an Ihre innere mentale Macht zu glauben und diese zu benutzen! Wie wesentlich jedes Wort ist, das Sie sprechen, jeder Gedanke, den Sie denken, und jede Handlung, die Sie setzen.
Und etwas ganz Wesentliches möchte ich Ihnen auch vermitteln: Lernen Sie, Ihre wahren Wünsche zu erkennen, sich echte Ziele zu setzen – denn nur was Ihnen vollkommen klar ist, das können Sie auch erreichen.
Wenn Sie sich wieder vitaler und erfolgreicher fühlen, bekommt Ihr Leben neuen Schwung. Sie werden spüren, daß Sie Ihr »Schicksal« zu meistern beginnen.
Gestatten Sie, daß ich dabei ein wenig zum Wegweiser werde. Lassen Sie sich dazu überreden, ein paar ungewöhnliche Schritte zu tun, denn niemand steht Ihrem Glück im Wege – außer Sie selbst.
Mögen Sie dabei stets die Sonne auf Ihrem Gesicht spüren und den Wind im Rücken. Der beste Zeitpunkt zum Aufbruch ist jetzt.

Ihre
Annemarie Trixner

1. Kapitel

Im 1. Kapitel lesen Sie:

- Gedanken über die Früchte des Lebens
- »Wer legt Sie auf?«
- Schicksal hieße besser »Machsal«
- Sind Sie der Denker Ihrer Gedanken?
- »Wissen« und »Bewußtsein« – das ist ein Unterschied!
- Machen Sie sich Ihre Lebensumstände bewußt!

Wie wir mental beeinflußt werden

Seit Monaten trage ich einen kleinen literarischen Schatz in mir, den ich mit Ihnen gleich zu Beginn teilen möchte. Damit will ich keinesfalls Bildung demonstrieren, um Sie zu beeindrucken – ich habe lange gesucht, bis ich diese wertvollen Zeilen gefunden habe. Sie mögen Sie und mich inspirieren und uns durch dieses Buch begleiten – sie sind wunderschön und geben Zuversicht:

> »Man sieht die Blumen welken und die Blätter fallen, aber man sieht auch Früchte reifen und neue Knospen keimen. Das Leben gehört den Lebendigen an, und wer lebt, muß auf Wechsel gefaßt sein.«
>
> Johann Wolfgang von Goethe

Liege ich sehr falsch, wenn ich vermute, daß Sie zu den vielen Menschen gehören, die in der Blüte ihrer Jahre stehen und trotzdem dahinwelken? Bei denen nicht nur die Haut, sondern auch die Seele und der Geist langsam vertrocknen? Den Glücklichen, bei denen es anders ist, gratuliere ich und wünsche Ihnen Aufmerksamkeit und Dankbarkeit für Ihren Zustand. Die anderen will ich nicht mit falscher Heiterkeit aus ihrem Zustand reißen, doch ich würde Sie gerne mit einem warmen Frühlingsregen wieder zur Lebendigkeit erwecken, Sie neu zum Knospen und zum Blühen anregen, damit Sie durch diesen Wechsel endlich an die Früchte ihres Lebens herankommen.

Die Früchte des Lebens

Ich werde Sie mit den Kräften und Möglichkeiten bekannt machen, die ich selbst in mir erkannt und bei mir erfolgreich für ein glückliches Leben eingesetzt habe – und von denen ich weiß, daß sie auch anderen Menschen sehr gut getan haben. Auch in Ihrem Leben können die »Früchte reifen und neue Knospen keimen« – die Früchte des Lebens.

So möchte ich Ihnen Hinweise geben, wie Sie durch das Auf und Ab des Lebens kommen, ohne soviel Wasser zu schlucken, daß Sie fast ertrinken. Wer mich oder mein Buch »Umarme Dein Glück« kennt, weiß, daß ich immer nur Empfehlungen gebe, denn ich bin mir bewußt, daß wir alle verschieden sind. Was für mich gut ist, braucht für Sie nicht genauso zu stimmen und zu passen!

Für einige von Ihnen mag mein Buch von vornherein nur recht amüsant sein. Schade! Ich würde mir wünschen, daß Sie mir zwar nichts ungeprüft abnehmen, doch alles wenigstens unvoreingenommen lesen. Sie könnten darauf kommen, daß einiges annehmbar für Sie ist...

Gehören Sie zu den Unzugänglichen, die stets auf ihren Lippen den Satz: »Alles Blödsinn, mir kann niemand und nichts helfen!« tragen, sollten Sie den unsinnigen Versuch wagen (auch wenn es jetzt das allerletzte Mal ist) und diesem Buch mit offenem Herzen und freiem Geist begegnen – Sie könnten auf eine Stelle stoßen, an der Sie das »Aha-Erlebnis« haben und dadurch zu viel mehr Lebensfreude kommen.

Es gibt Menschen, die einen grau-naßkalten Novembertag

scheußlich finden – und Menschen (so wie ich), die ihn genießen, weil es im Haus dann schön gemütlich ist. Mein erster Buch-schreibe-Tag ist so einer, und dabei las ich noch in der Morgenzeitung, daß dieser Herbst in Österreich bereits 7000 Depressive auf dem Gewissen hat. Natürlich weiß ich, daß Licht etwas Wichtiges für unsere Psyche ist – uns fehlt jedoch nicht nur äußeres Licht, da kann leicht die Technik einspringen: Es fehlt an innerem Licht. Tabletten helfen, doch echte Heilung kommt nur aus Ihrer Seele und aus Ihrem Geist. Dort wohnt eine ungeheure, alles durchdringende Kraft, und dort sollten wir das tiefe Vertrauen wiedererwecken, daß es ein neues Erwachen, Knospen, Blühen und Ernten geben wird.

Wer legt Sie auf?

Wenn Sie morgens erwachen und »schlecht aufgelegt« sind, haben Sie schon einmal darüber nachgedacht, wer Sie auflegt? Legt Sie Ihr Partner schlecht auf oder die Nachbarin oder das Wetter oder die Wirtschaftslage? Glauben Sie mir. Sie selbst legen sich schlecht auf!

Wir beginnen unseren Tag damit, daß wir sofort in den geistigen Alltagstrott verfallen und unseren Gedanken gestatten, das Kauderwelsch wiederaufzunehmen, das wir schon gestern und vorgestern, wahrscheinlich schon seit sehr langer Zeit, in unserem Kopf dulden. Oder ist es Ihnen schon jemals unangenehm aufgefallen? Dabei ist dieses gedankliche Tohuwabohu für unsere Lebensumstände verantwortlich – und natürlich dafür, wie wir aufgelegt sind.

Es ist eigenartig, daß wir unsere Wohnung oder unser Haus sorgfältig hüten, womöglich haben wir es mit einer Alarmanlage geschützt. Nichts und niemand, der uns unange-

nehm ist, Schmutz oder Gefahr bedeuten könnte, darf herein. Wir schauen durch den Türspion, lugen vorsichtig hinter dem Vorhang hervor, und nur wenn wir den Besucher für gut befinden, lassen wir ihn herein. In unserem Oberstübchen ist ständig »open house«. Da darf alles herein, was uns »so einfällt«, und dazu noch das, was die anderen uns »aufschwatzen«. Daraus resultiert zum Teil unser »gutes oder schlechtes Aufgelegtsein«. Würden Sie Ihre häusliche Vorsicht auch auf Ihre Gedanken ausweiten, wäre sofort eine ungewöhnliche Veränderung Ihrer Lebensumstände wahrzunehmen. Halten Sie eine Woche des »bewachten Denkens« durch, geben Sie mir recht.
Selbst wenn Sie es schon bis zum Überdruß gehört haben, daß wir das Ergebnis unserer Gedanken sind – es kann Ihnen nicht schaden, es hier noch einmal zu lesen. Ich verspreche Ihnen, es wird interessant, wenn wir auf den folgenden Seiten dieser Behauptung auf den Grund gehen. Wenn Sie die Gefahr erkennen, installieren Sie bestimmt gerne die wichtigste Alarmanlage Ihres Lebens. Setzen Sie ein Paar riesige Wachhunde, »Pluto I und II«, vor Ihr »geistiges Haus« und lassen Sie nur noch Gedanken herein, die Sie wirklich denken wollen.

»Schicksal« oder »Machsal«?

Ein Haus besteht aus vielen Ziegeln. Die Schicksalsbaustoffe Ihres Lebens sind Ihre Gedanken und Handlungen, Ihre Einstellungen, Empfindungen, Vorlieben, Vorstellungen – und dazu noch die ihrer Mitmenschen, denen Sie gestatten, unkontrolliert bei Ihnen einzudringen ...

Jeder noch so kleinste, flüchtigste Gedanke
formt unsere Realität.

Egal, ob sich dieser Gedanke dann in kurzer Zeit als Schicksal einstellt oder uns erst in vielen Jahren auf den Kopf fällt – wir rufen damit alle unsere guten und unguten Lebensumstände hervor. Wollen Sie Gott für Ihr Schicksal verantwortlich machen? Ihre Eltern, Partner, Chefs, Kinder, Lehrer, Nachbarn und die Erbmasse? Schauen Sie den Tatsachen ins Auge – je schneller, desto besser: Weil Ihnen die Alarmanlage oder der Wille, eine Alarmanlage zu installieren, fehlt, erleben Sie Ihr »unbarmherziges Schicksal«! Doch erkennen Sie auch den Nutzen, der in dieser Tatsache steckt: Wir selbst haben die uneingeschränkte Macht und den absolut freien Willen, unser Bauwerk gut zu planen und zu gestalten – und damit Herr über Leib und Leben, über Freude und Glück zu sein!

Denker unserer Gedanken

Ein Kind kommt zur Welt und ist glücklich; es sei denn, die nasse Windel stört oder der Magen knurrt. Das Unglücklichsein schleicht sich erst ein, wenn es beginnt, Worte zu verstehen und zu sprechen. Kommen die Tante Anna und der Onkel Ernst zu Besuch, kräht unser kleiner Wicht nach einem Blick auf den abenteuerlichen Hut der Tante: »Du schaust aber dumm aus!«
»Schäm dich, so etwas sagt ein braver Bub nicht!« meint die Mama verlegen.
»Du, du, du!« droht auch Onkel Ernst mit dem Zeigefinger, und das Kind versteht die Welt nicht mehr. Sieht Tante Anna doch so dumm aus wie der Kasperl im Bilderbuch! Setzt es bei der nächsten »Wahrheit« wieder eine strenge Rüge oder Bestrafung, begreift der Kleine bald, daß er Wahrheiten nicht »ehrlich« sagen darf; somit hat die Erziehung gefruchtet, und er sagt beim dritten Besuch der Tante nur fra-

gend: »Warum hast du ein Nest auf dem Kopf?« Wieder rügt die Mutter, droht schelmisch der Onkel. Beim vierten Mal sagt das Kind nichts mehr, schaut nur. Mit fünf Jahren kommen ihm Lügen glatt über die Lippen. Mit zehn Jahren erklärt ihm der Vater: »Wir sind arme Leute und werden das immer bleiben.« Ein paar Jahre später heißt es, »daß studieren für unsereins nicht in Frage kommt und überhaupt viele Dinge nichts für uns, und speziell für dich, sind«. Glauben Sie mir, das gibt es heute noch sehr oft, es ist traurige Realität! Darum freue ich mich auch so sehr, wenn junge Menschen zu meinen Vorträgen kommen oder wenn ich sie beim Lesen von einschlägiger Lektüre sehe.

Unser gescheiter Bub hat bald kapiert (weil er es oft genug gehört hat), daß er nicht die Wahrheit sagen darf, daß er immer arm bleiben wird und er ein Mensch zweiter Klasse ist. Er kann für diese Programmierungen nichts – die Eltern haben es nie besser verstanden. Ich möchte ergänzen: Deshalb leben sie auch so, wie sie immer gedacht haben: im Mangel. Das ist ein zutiefst trauriges Beispiel dafür, was Erziehung uns antun kann. Natürlich kommen wir ohne Anstandsregeln nicht aus. Doch welche das sind, wie diese uns präsentiert und verständlich gemacht werden, formt unser Denken und in weiterer Folge unsere Realität.

Später kommt der Freund, der Lehrer, der Chef, der Partner, und je nachdem, wie zeitig wir darauf kommen, daß nicht alles stimmt, was uns als »Wahrheit« eingeimpft wird, entwickeln wir uns. Jeder junge Mensch läßt sich von seinem Elternhaus und seinen Erziehern prägen. Haben wir Glück, werden wir von weisen Menschen mit guten, aufbauenden Gedanken und Vorstellungen geprägt, haben wir Pech, bekommen wir das dicke Ende bald zu spüren ... Das Schicksal beginnt sich zu offenbaren, indem Selbstbewußtsein und Lebensfreude zu Fremdwörtern werden.

Wissen und Bewußtsein

Wie vielen von uns ist bewußt, wie sehr das eigene Denken von Fremdprogrammierungen beeinflußt wird? Hören oder lesen wir es, glauben wir leider nicht daran, daß Gedanken Gestaltungskraft besitzen. Der Unglaube dauert meistens so lange, bis uns das Leben durch Kummer, Krankheit und Leid zur Einsicht bringt.
Ich weiß oft nicht, ob meine Gedanken und Überlegungen zu gewissen Umständen, Situationen oder Menschen richtig sind, doch ich schaue bewußt hin und entscheide mich, wie ich denken will. Es ist wichtig, mir die Folgen meiner Gedanken, meiner Vorstellungen und meines Handelns »bewußt« zu machen.
Ein Raucher, der weiß, daß seine geliebten Zigaretten schädlich sind, und weiterraucht, »weiß« nur. Sagt der Arzt im Krankenhaus zum Infarktpatienten: »Ihre verstopfte Arterie kam vom Rauchen«, ist ihm die Schädlichkeit des Rauchens »bewußt« geworden. Verstehen Sie nun wie wichtig »Bewußtsein« ist?
Ich wußte lange Jahre hindurch, daß ich falsch lebe, oft falsch denke, vielfach falsch handle, doch ich »wußte« nur... Als ich nicht mehr gehen, schlafen und arbeiten konnte und im Krankenhaus landete, wurde mir »bewußt«, daß ich mich schleunigst zu ändern habe.
Leben Sie mit einem Partner zusammen, den Sie ständig schlecht behandeln, ihn ausnützen, ihm alle Lasten aufbürden, weil Sie glauben, daß er/sie ein Schwächling ist, »wissen« Sie sehr wohl, wie unfair Ihre Handlungsweise ist. Verläßt er/sie Sie von heute auf morgen, weil er/sie es satt hat, sich wie ein Sklave und Trottel behandeln zu lassen, und sagt zu Ihnen: »Ich habe endlich einen lieben Menschen gefunden« – dann wird Ihnen schlußendlich »bewußt«, was Sie aus Ihrer Beziehung gemacht haben.
Etwas »wissen« oder »bewußt« mit etwas umgehen, un-

terscheidet sich wie Tag und Nacht. Beim Wissen können wir noch mit den Schultern zucken und »Na und« sagen – um zu Bewußtsein zu gelangen, haben wir zumeist Lehrgeld zu bezahlen.

Machen Sie sich Ihre Lebensumstände bewußt!

Wie sieht es denn so aus bei Ihnen? Sind Sie ein unfreiwilliger Single? Kracht es oft in Ihrer Ehe oder Partnerschaft? Ist das traute Heim eher ein Schlachtfeld? Ihr Berufsleben eine einzige Katastrophe? Die Finanzen ein Chaos? Das Wort Gesundheit ein Hohn?

Dann lassen Sie einerseits seit langem zu, daß Sie gedacht und programmiert werden, und andererseits gestatten Sie Ihren destruktiven Gedanken, Sie zu beherrschen – mit einem Wort: Sie leben unbewußt.

Zu einem erfüllten Leben finden Sie erst, wenn Sie sich nicht mehr der Illusion hingeben, daß Ihr Glück von jemand anderem abhängt. Es liegt allein in Ihrer Hand, bewußt Ihr Leben zu gestalten und zu lenken. Lernen Sie Ihre und fremde Gedanken und Emotionen zu prüfen (natürlich auch mein Buch), und behalten Sie nur das, lassen Sie nur die Gedanken, Emotionen und Vorstellungen zu, die Sie als das Beste für sich empfinden. Ich kann Ihnen nicht erklären, was Erleuchtung ist, doch daß Ihnen ein Licht für die Ursachen der traurigen Umstände Ihres Lebens aufgeht, wenn Sie die nächsten Seiten dieses Buches lesen, das verspreche ich Ihnen.

Und noch eines möchte ich hinzufügen: Wenn Sie die Gnade der Erleuchtung erreichen, wird dieser Zustand Ihnen sofort »bewußt«! Es ist wie mit der Liebe, für die es auch keine Erklärung gibt, sie ist das Musterbeispiel eines »Bewußtwerdungsprozesses«.

2. Kapitel

Im 2. Kapitel lesen Sie:

- Unsere Körperenergie reagiert auf Gedanken
- Der Armtest – er zeigt Ihnen, was Sie stärkt oder schwächt
- Ungeahnte Möglichkeiten tun sich auf
- Wer oder was gibt – oder raubt – mir Energie?
- Wie Einsichten oder Einstellungen in Ihnen wirken
- Wie denke ich über mich?
- Inszenieren Sie ein abendliches Trauerspiel?
- Der Test für den »Solisten«
- So wird Ihr Leben voll Energie!
- Ärger schwächt Sie!
- »Explodieren« ist viel besser als »implodieren«
- Ihr Körper weiß sehr viel ...

Wie unser Körper energetisch auf unsere Gedanken reagiert

Sie sausen nach der Arbeit in den Supermarkt und sagen zwischen den Regalen erschöpft vor sich her: »Butter, Brot, Milch, Nudeln und Salat – und Salz ja nicht vergessen!« Zu Hause packen Sie aus – und haben das Allerwichtigste vergessen: Salz!
»Ich bin so dumm, dumm dumm!« Sie schlagen dabei auf die Tischplatte. Eine normale Reaktion, der Sie keine Bedeutung beimessen. Sie haben etwas gesagt, das Sie sowieso nicht glauben, selbstverständlich halten Sie sich nicht für dumm – Sie wissen, Sie sind vielleicht kein Genie, doch für gescheit halten Sie sich schon.

Jeder Gedanke wirkt sich energetisch
auch auf unseren Körper aus!

Was Sie sich mit diesem »dahergesagten« Satz körperlich antun, erkläre ich Ihnen am besten so: Ich lasse in meinem Seminar »Innere Ruhe und Harmonie durch Gedankendisziplin« einen Teilnehmer herauskommen, bitte ihn, den rechten oder linken Arm waagerecht auszustrecken, Kraft in den Arm zu legen, und versuche dann seinen Arm herunterzudrücken. Ich prüfe dabei, wie stark er ist. Von der Armbeuge zur Brust verläuft ein Muskel, der, wenn er von positiver Energie durchströmt wird, kräftiger wird, und

wenn er von negativer Energie (genauer gesagt, von Sie schädigender Energie) durchströmt ist, schlaffer wird. Ich lasse den Seminarteilnehmer sich die »Salz-Szene« vorstellen, er muß dreimal sagen: »Ich bin dumm« – dann tröste ich ihn: »Sie sind es natürlich nicht« und drücke seinen Arm. Er geht ganz leicht herunter. Seine Kraft ist weg. Alle sind baff.
Wir machen den Gegenversuch, und ich lasse den Teilnehmer etwas Positives sagen, zum Beispiel: »Ich bin kreativ« oder »Ich bin gescheit, ich bin intelligent«, und der Arm bleibt kräftig. Ich kann ihn nun nicht oder nur sehr schwer herunterdrücken. Wieder großes Staunen über diese energetische Reaktion unseres Körpers auf unsere Gedanken!

Testen Sie, was Sie stärkt oder schwächt

Ich erkläre Ihnen, was hier geschieht: Gedanken und Worte sind Energie, keine diffusen Gebilde oder Hirngespinste. Lassen Sie sich einmal an ein Biofeedbackgerät anschließen, und schauen Sie, was los ist, wenn Sie an Ihren übervollen Schreibtisch mit der unausgefüllten Einkommensteuererklärung denken. Anschließend stellen Sie sich vor, daß Sie im weißen Sand der Karibik liegen, einen kühlen Drink schlürfen und den Wellen beim Murmeln zuhören. Glauben Sie auch dem technischen Gerät nicht, und wollen Sie noch immer nicht begreifen, was Ihnen Ihre Gedanken antun oder wie sehr Sie Ihnen guttun können, verschenken Sie dieses Buch – es ist für Sie sinnlos.
In dem Augenblick, in dem wir etwas Bestimmtes denken und sagen, reagiert unser Körper. Selbst das Unwahre, von uns unbewußt ausgesprochen, schwächt oder stärkt unsere Körperenergie. An dieser Stelle kommt bei Vorträgen oft

der Einwand von Kinesiologieprofis (denn dorther kommt der Armtest), »daß das alles nicht so einfach ist«.
Ich habe mich mit Kinesiologie vertraut gemacht und bin mir bewußt, daß dieser Test sehr unterschiedlich und vielfältig von Profis eingesetzt werden kann. Was ich seit vielen Jahren auf ganz simple Weise feststelle, ist: *Etwas gibt oder raubt mir Energie.* Sie können durch eine entsprechende Ausbildung in Kinesiologie ein »Armtestspezialist« werden oder ihn so simpel benützen wie ich.
Ich habe mir auf jeden Fall schon vor zehn Jahren so meine Wirbelsäulengymnastik zusammengestellt: Ich habe eine Übung geturnt, mir davon bei geschlossenen Augen eine Vorstellung gemacht (visualisiert), und mein Sohn hat dann auf meinen Arm gedrückt. Blieb der Arm sehr stark, war die Übung gut für mich; ein kleines bißchen Schwäche, und ich ließ die Übung sein. Ich glaube nicht, daß ein Therapeut mir so maßgeschneiderte Übungen hätte zusammenstellen können wie mein Körper; er lügt nie und weiß alles über mich. Für die Leser, die mich immer wieder nach meiner Wirbelsäulengymnastik fragen: Ich bin keine Therapeutin, und Ihre Wirbelsäule hat andere Fehlstellungen als meine. Ich darf Ihnen nicht in dieser Weise helfen. Doch mit der Beratung durch einen guten Arzt, durch ein paar Turnstunden bei einem Therapeuten, bei einem Kuraufenthalt, bei dem geturnt wird, oder aus Büchern stellen Sie sich zu Hause und in Ruhe Ihre optimalen Übungen mittels Armtest zusammen! Sie können auch zu einem Kinesiologen gehen und gemeinsam mit ihm Übungen austesten.
Wenn Sie so lange damit arbeiten wie ich, brauchen Sie nicht einmal mehr zu drücken. Ich sehe es bei anderen und spüre es bei mir am straffer oder schlaffer werdenden Muskel (Fortsetzung des Oberarmes zur Brust hin), ob etwas schwächt oder stärkt, Energie gibt oder nimmt.

Der Armtest

Ich erkläre Ihnen nun noch einmal ausführlich den Armtest: Stellen Sie sich aufrecht hin, strecken Sie den linken oder rechten Arm aus. Legen Sie Kraft in Ihren Arm. Ihr Helfer dabei legt seine Hand auf Ihren Unterarm und versucht ihn hinunterzudrücken. Das ist der Grundtest, um festzustellen, wie stark Sie sind. (Machen Sie aus dem Test keinen Ringkampf!) Der Grundtest sollte deshalb unbedingt gemacht werden, weil Frauen üblicherweise schwächer als Männer sind, Kinder schwächer als Frauen und Männer, alte oder kranke Menschen geschwächter als gesunde und so weiter. Natürlich auch deshalb, weil Sie so Ihre Wunder erleben können: wieviel Kraft eine zarte Frau haben kann oder ein halbverhungert aussehendes Männchen (auch ich bin ein heimlicher Kraftprotz). Fühlen Sie sich gerade an diesem Tag ungewöhnlich schwach, klopfen Sie ein paarmal auf Ihre Thymusdrüse (am Brustbein, etwas über Brusthöhe), und Sie werden sich gleich stärker fühlen.

Ein guter Rat nebenbei: Dieses Klopfen der Thymusdrüse, um Ihr Immunsystem zu stärken, sollten Sie sich zur täglichen Gewohnheit machen. Trommeln Sie leicht mit den Fingern zehnmal auf diese Stelle.

Aber zurück zu unserem Armtest: Stellen Sie sich eine Situation vor, das heißt, machen Sie sich von etwas »ein Bild«. Sie können (müssen aber nicht) zusätzlich laut oder leise eine Feststellung treffen. Beispiel: »Diese Übung ist gut für meine Wirbelsäule.« Gibt Ihnen diese Übung Kraft, d.h. stärkt sie Ihren Körper, merkt der andere, daß Sie in der Lage sind, den Arm fester zu halten; er kann ihn also nicht so leicht herunterdrücken wie beim Grundtest. Ist die Übung nicht gut für Sie, schwächt diese Übung Ihre Körperenergie, wird es für Sie kaum möglich sein, den Arm oben zu halten. Der »Drücker« merkt,

daß jetzt der Arm viel leichter heruntergeht als beim Grundtest.
Ich denke, meine Erklärungen machen deutlich, worum es geht. Nach einiger Zeit Übung mit extrem positiven oder negativen Feststellungen wie »Ich bin häßlich« oder dem Satz »Ich bin vital« oder »Ich bin mutig« etc. bekommen Sie und Ihr »Drücker« Routine und schon ein besseres Gefühl für das Ergebnis »gibt Energie« oder »raubt Energie«.
Falls Sie allein leben, müssen Sie nicht dauernd auf Männer- oder Frauenjagd gehen, um »Testdrücker« zu finden. Es gibt auch die Variante »solo«. Doch dazu kommen wir ein wenig später, denn zuerst will ich Sie mit den unendlichen Möglichkeiten dieses Energietests bekannt machen. Mutige Single-Unwillige haben damit nämlich einen sehr guten Anknüpfungspunkt für Gespräche, denn in jedem Geschäft, sogar auf der Straße, finden Sie hilfsbereite Mitbürger, die gerne (auch sehr neugierig) Ihren Arm drücken.
Während eines Seminars, das sich sehr intensiv mit unseren Energien und daher mit diesem Test beschäftigte, stellten wir Teilnehmer an den Seminarleiter auch sofort die Frage: »Was ist, wenn ich allein bin?«
Er sagte: »Machen Sie kein Problem aus etwas, das problemlos ist. Ich gehe jetzt auf die Straße und bitte fremde Menschen, meinen Arm zu drücken. Sie werden sehen, wie ich zu Antworten komme!« Er ist ein praktischer Lehrer, ein weltgewandter Mann, braungebrannt und gutaussehend (ich bezeichne ihn in der Folge als T = Tester).
Wir verteilten uns zur Beobachtung dezent rechts und links am Straßenrand. T. ging auf einen Herrn zu, der gerade aus seinem Auto stieg: »Würden Sie so freundlich sein, meinen ausgestreckten Arm zu drücken?«
Der Autofahrer musterte die feine Kleidung von Herrn T., schaute sich um, ob er beobachtet wird, und drückte.
T. sagte: »Danke«, und das war's.
Dann näherte sich T. einer Dame, die vollbeladen mit zwei

Einkaufstaschen auf ihn zukam. Wieder die Frage: »Hätten Sie die Freundlichkeit, meinen ausgestreckten Arm zu drücken?«

Die Dame, mißtrauisch: »Ist das ein Interview, oder wollen Sie mir etwas verkaufen?«

»Nein, es ist ein Test, der mir feststellen hilft, ob mich etwas stärkt oder schwächt.«

»Gibt es den?«

»Ja. Und wenn Sie jetzt so nett sind und Ihre Taschen ein paar Sekunden absetzen, haben Sie etwas Gutes getan und etwas Wichtiges dazugelernt.«

Die Dame setzte sofort die Taschen ab, stellte ein paar sehr präzise Fragen bezüglich der Stärke des Druckes, wo sie ihre Hand hinlegen soll und so weiter – dann drückte sie wie ein Profi. Natürlich bekam sie eine kurze Erklärung des Tests, war sofort so begeistert, daß sie unseren Lehrer fast nicht mehr weglassen wollte – und hätte er Absichten gehabt, er hätte nicht testen müssen, ob die Dame mit ihm abends ausgehen würde, sie wollte sogar das Seminar besuchen.

Wir haben auf jeden Fall dadurch mitbekommen, wie offen und dankbar die Menschen sind. Haben sie die Chance dazuzulernen, sind sie überaus wißbegierig, herzlich und hilfsbereit.

Er machte noch ein paar weitere Straßen-Testversuche, und niemand nannte ihn einen Spinner. Fast alle Leute waren begierig zu erfahren, was es damit auf sich hat. Auch ich machte ein paar Versuche und stieß auf viel Entgegenkommen und Neugier. In Wien würde man das als »Anbandeln« bezeichnen. Kommt Ihnen diese Art entgegen, hören Sie auf meinen Rat: Gehen Sie dazu immer in eine gute Gegend! Doch Spaß beiseite – es gibt genug Nachbarn, Freunde und Bekannte, die dankbar sind, etwas dazuzulernen, und dafür gerne Ihren Arm drücken.

Ungeahnte Möglichkeiten

Glauben Sie, daß ich Ihnen etwas Kurioses aufschwatze? Sie liegen grundfalsch, denn ohne meinen geliebten Armtest wäre ich heute nicht der Mensch, der ich bin. Ich teste alles, von dem ich nicht hundertprozentig überzeugt bin, daß es sowieso gut für mich ist – und ich habe erfolgreich von vielem die Finger gelassen, das mir sehr verlockend erschien.

Wir glauben oft: »Das muß ich haben«, entscheiden nur mit den Augen, lassen uns von der Werbung viel zu leicht verlocken und schaffen uns Dinge an, die nicht nur unnötig, sondern oft auch schädigend für uns sind.

Vielleicht erleben Sie, daß Sie nach einem todschicken, nilgrünen Pulli, der in der Auslage verlockend drapiert ist, geradezu fiebern, ihn im Geschäft testen und kaufen, obwohl Ihnen dabei der Arm fast herunterfällt – wenn Sie dann nach dem zweiten Tragen eine Allergie davon auf Hals und Armen bekommen, als wären Sie ein Fliegenpilz, beginnen Sie, den Armtest sehr zu schätzen! Kleidung testen Sie am besten, indem Sie das gute oder schlechte Stück an die Stirn drücken. Arm hoch – und die Verkäuferin ist die nächste, die den Armtest erklärt haben will. Ich kaufe heute endlich nicht mehr die vielen Kleidungsstücke, von denen ich spontan geblendet bin und die ich früher (trotz sehr hohem Preis) begeistert erstanden habe, um sie dann nur ein einziges Mal zu tragen. Dabei stellte ich oft fest: »Ich fühle mich einfach nicht gut darin.« Das Ding hing meist drei Jahre ungetragen im Schrank, und ich mottete es sechs Mal brav ein und aus. Nach dem zweiten Trageversuch, im vierten Jahr, verschenkte ich es fast immer.

Ihr Körper weiß eben, was ihm (und auch Ihrer Geldtasche) wohl tut!

Wer oder was gibt mir Energie (Kraft)?

Durch diesen einfachen Test bekommen Sie sehr bald ein untrügliches Gefühl dafür: Wer oder was gibt mir Energie (Kraft)? Wer oder was raubt mir Energie (Kraft)? Auch Personen können Sie testen. Wie oft haben Sie schon nach einer Begegnung festgestellt: »Der raubt mir meine letzten Kräfte.«

Es gibt Menschen, die uns wirklich Energie kosten. Das ist keine Bewertung eines Mitmenschen, sondern nur die Feststellung, daß dieser Mensch ein anderes Energiepotential besitzt als Sie – seine Energie hat eine andere Qualität. Wie das zustande kommt, erfahren Sie sehr ausführlich und verständlich im 5. Kapitel »Die geistigen Gesetzmäßigkeiten«.

Sie stellen sich also einen Menschen vor (haben eine »Vorstellung« = inneres Bild, wie Ihr Chef, Ihre Frau, Ihr neuer Freund, Ihre neue Mitarbeiterin usw. aussehen), strecken den Arm aus, halten dieses Bild fest und lassen sich auf den Arm drücken. Natürlich kann ein »lauwarmes« Ergebnis herauskommen – dann wissen Sie wenigstens, daß dieser Mensch Sie nicht auslaugt. Stärkt Sie die Vorstellung dieses Menschen, werden Sie sich bestimmt in seiner Nähe gut fühlen. Sie lernen, mit dem Test umzugehen, indem Sie sensibel werden und sich selbst besser zu beobachten beginnen. Passen Sie auf, wie Sie sich im Umgang oder nach einem Gespräch mit einem bestimmten Menschen fühlen. Machen Sie danach den Test. Oder machen Sie es umgekehrt: vorher den Test und bei der Begegnung spüren Sie in sich hinein.

Mir wird sehr oft die Frage gestellt: »Ich habe nun schon einmal dieses Ekel von Chef. Da brauche ich gar keinen Test. Denke ich an den, fällt mir nicht nur der Arm herunter, da bekomme ich einen regelrechten Anfall von Übelkeit. Was nützt mir der Armtest – ich kann ihn nicht ändern.« Darauf gebe ich Ihnen folgende Antwort: Machen Sie sich bewußt, daß Ihr Chef (oder wer auch immer) ein Mensch ist, der vielleicht Sorgen hat, von denen Sie nichts wissen. Er kann krank sein, seine Partnerschaft kann in einer kritischen Phase stecken, er kann finanzielle oder berufliche Probleme haben, oder, noch schlimmer, die Steuerfahndung jagt ihn gerade – es gibt so viel, das einen Menschen (leider) eklig sein läßt. Machen Sie sich das bewußt, wenn Sie noch mal an ihn denken. Sie erweitern so Ihre Vorstellung von ihm insofern, als Sie ihn zwar weiterhin für ein Ekel halten, doch für ein sorgengeplagtes, krankes, verlassenes ...

Einsicht und Einstellung

Sie machen sich nun wieder ein Bild vom »Ekel«, sagen sich aber: »Mein Chef (oder wer auch immer) hat Sorgen und Kummer, so wie ich!« Lassen Sie sich dann noch mal den Arm drücken. Es kann sein, daß diese Einsicht Ihnen hilft, Verständnis für ihn zu bekommen – und auf einmal raubt er Ihnen nicht mehr alle Kraft. Sie haben nicht diesen Menschen geändert, sondern Ihre »Einstellung« zu ihm – und das empfehle ich in sehr vielen Fällen Ihres Lebens.
Machen Sie den Test mit Ihrem Arbeitsplatz. Nehmen Sie ihn ins Bewußtsein – schauen Sie, was dabei herauskommt. Stärkt Ihr Job Sie, dann steckt Freude, Begeisterung und Berufung dahinter. Schwächt Sie die Vorstellung, sollten Sie zuerst Ihre Einstellung dazu überprüfen. Sehr oft ist es völlig unnötig, den Arbeitsplatz zu wechseln. Wechseln Sie Ihre Einstellung zu Ihrem Job – und auf einmal schaut Ihre Arbeitswelt ganz anders aus! Machen Sie sich den Nutzen Ihrer Arbeit bewußt, machen Sie aus Ihrer Beschäftigung eine sinnvolle Tätigkeit, machen Sie diese un-

gewöhnlich gut – und erst dann haben Sie das wahre Ergebnis.
Kommen wir zu etwas Weiterem: Sie haben Ihre Einstellung zum Chef, zum Partner, zur Freundin, zum Firmen-Co., zu Ihrem Job um »die Einsicht, daß...« erweitert. Trotzdem fällt Ihnen der Arm buchstäblich herunter. Das heißt im Klartext: Der oder das zermürbt Sie langsam, aber sicher! In diesem Falle sehe ich nur eine Möglichkeit: Ihre Gesundheit und Ihr seelisches und nervliches Wohlergehen sollten Ihnen die ernsthafte Überlegung wert sein, ob Sie auf diesem Arbeitsplatz, in dieser beruflichen oder privaten Partnerschaft bleiben, denn steter Tropfen höhlt jeden Stein.
Es gibt noch einen weisen Rat, der aber nicht ganz leicht zu beherzigen ist:

»Wenn Du etwas nicht ändern kannst
und nehmen mußt, wie es ist,
dann nimm es, aber nimm es leicht!«

Fällt der Arm weiter runter, ist es mit dem »Leichtnehmen« nichts – Sie sollten bald etwas ändern: Einsicht in die Bedürfnisse Ihres Herzens und Ihrer Seele wäre der nächste Schritt; Mentaltraining, damit es zu einer konstruktiven Änderung kommt, der übernächste.
Ich mache es so: Egal, wie wichtig oder einflußreich, berühmt und begehrt jemand sein mag – raubt er mir meine Energie, kostet seine Gegenwart mich Kraft, schwächt er mich permanent, dann gehe ich ihm aus dem Weg. Auch Sie müssen nirgends und bei niemandem ausharren! Testen Sie doch einmal verschiedene Berufe, und entdecken Sie dabei Ihre Stärken! Testen Sie Möglichkeiten, mit denen Sie im geheimen immer wieder liebäugeln, und testen Sie Menschen, die Ihnen raten und helfen könnten.

Was denke ich über mich?

Wird Ihnen durch den Armtest bewußt, was Sie üblicherweise von sich denken, könnte er für Sie ganz schön unangenehm werden. Ehrlich – wie denken Sie über sich selbst? Ich habe mich unter Frauen und Männern umgehört. Hier das traurige Ergebnis:
Viele Frauen denken, daß Sie dauernd verkühlt sind, keine Kraft haben, immer mehr Falten bekommen, immer dicker werden, viel dümmer als andere Frauen sind, keine Durchsetzungs- und Überzeugungskraft haben, nie einen gescheiten Mann finden werden, zu oft unglücklich und traurig sind, nie gerecht entlohnt werden, sich ausnützen lassen, von den Kindern und vom Partner undankbar behandelt werden, viel zu wenig vom Leben haben und dabei immer älter werden ... (die Liste ist nicht vollständig!)
Viele Männer denken, daß sie nie den richtigen Job finden, ständig übergangen werden, vollkommen falsch beurteilt werden, nie Sex haben, wie sie ihn sich wünschen, nie die richtige Frau finden werden, nie wirkliche Liebe erleben, viel zu wenig in Ruhe gelassen werden, aus ihren Kindern nie etwas Gescheites werden wird, sie ständig ausgenützt werden und zu wenig Freiheit bekommen, nichts vom Leben haben, zu oft müde und überfordert sind, demnächst impotent werden könnten und überhaupt ein Scheißleben führen ... (die Liste ist nicht vollständig!)

Abendliches Trauerspiel

Es gibt heitere Tage, da fühlen Sie sich wie im Paradies. Doch diese sind gezählt. Ansonsten bieten Sie Ihrem Körper und Ihrem Unterbewußtsein zumeist das abendliche Einschlaf-Trauerspiel: »So bin ich, so ist mein Leben!« Machen Sie demnächst Ihre Aufzählung, wie Sie über sich an nicht paradiesischen Tagen denken so, daß es niemand hört. Trauen Sie sich nun, den Armtest zu machen? Passen Sie auf, daß Ihnen der Arm nicht abfällt. Sie schwächen mit einer solchen Liste nicht nur ganz stark Ihren Körper und rauben ihm damit kostbare Energie, Sie geben Ihrem Unterbewußtsein auch all die Horrorprogrammierungen ein, die Ihr Leben gestalten. So um die dreißig selbstinszenierte Trauerspiel-Vorstellungen und Ihr Unterbewußtsein hat verstanden. Die Sprache, die Ihr Unterbewußtsein am besten versteht, ist die Bildersprache. Also schließt es aus Ihren inneren Bildern (aus der Vorstellung, die Sie von sich haben), daß Sie ein Unglückswurm auf der ganzen Linie sind und es bleiben wollen – und Ihr treuer Diener »Unterbewußtsein« leitet Sie an all den Chancen Ihres Lebens brav vorbei. Weil Sie ihm kaum jemals positive Bilder und glückliche Vorstellungen zeigen, aus Ihrer Meinung über sich und aus der täglich gleichen Abendvorstellung hat es erkannt: »Ich bin ... ein Versager!«

Was ich hier geschrieben habe über Sie, ist nicht nett von mir, doch vielleicht nützt diese Schocktherapie, und Sie ändern Ihr Selbstbild – ab sofort, radikal. Gestatten Sie mir ein paar Anregungen für positive Selbstbilder: Ich bin gesund, ich bin (in meinen Augen) schön, ich bin gescheit, ich bin tüchtig, ich bin erfolgreich, ich finde (habe) den richtigen Partner, ich bin selbstbewußt, klug, tolerant, ehrlich ... und so weiter. Ich kann alles, was ich wirklich will, erreichen, ich genieße mein Leben, lerne liebe Menschen kennen, werde mit jedem Tag schlanker und vitaler und und und ...

Sehen Sie sich doch als den liebenswerten Menschen, der Sie wahrscheinlich ohnedies sind! Alles, was noch nicht ganz gut erkennbar ist, kommt bestimmt im Laufe der nächsten Monate und Jahre ans Tageslicht – Sie brauchen nur Ihr inneres Bild von sich positiv zu verändern.

Eine weitere, richtige Erkenntnis, die Sie durch den Armtest gewinnen können, will ich Ihnen nicht vorenthalten. Beim einem Seminar testeten wir eine Dame. Sie sagte: »Ich bin großzügig«, und der Arm wurde ganz schwach. Ich forderte Sie auf: »Stellen Sie sich eine reale Situation vor, die Sie mit dem Begriff Ihrer Großzügigkeit verbinden.« Wir machten dann noch mal den Test, und der Arm war wieder sehr kraftlos. Da sagte sie leise: »Ich weiß, ich werde ausgenützt.« Sie nahm diesen Satz in ihr Bewußtsein, und der Armtest sagte »ja« dazu. Ich sprach später mit ihr darüber, und Sie erzählte, wie sehr Sie von nahestehenden Menschen ausgenützt wird. Sie hatte es gefühlt – und doch meinte sie, daß sich durch ihre Großzügigkeit Dankbarkeit und Zuneigung einstellen würden. Das war nicht der Fall. So tat sie laufend etwas Falsches, das sie viel Kraft, Geld und Energie kostete und sie immer unglücklicher werden ließ. Jetzt hatte sie erkannt, daß manchmal weniger geben mehr bringt. Daraus ersehen Sie, daß sich eine gute Eigenschaft, falsch eingesetzt, auch negativ auswirken kann.

Suchen Sie sich, auch für Großzügigkeit,
den richtigen Menschen und das richtige Ziel!

Der Test, wenn Sie »solo« sind

Haben Sie gerade niemand zum Drücken zur Hand, wollen Sie gern Ihre Tests allein machen, oder sind Sie zu schüchtern, andere Menschen zu bitten, gibt es zwei weitere Möglichkeiten:
Sie kaufen sich eine Federwaage (auch Sackwaage genannt). In einem Haushaltsgeschäft erhalten Sie dieses Gerät – es kostet nicht viel. Zu Hause hängen Sie die Waage

an einen festen Wandhaken und machen zuerst den Grundtest. Der sieht so aus: Sie stellen sich mit ausgestreckter linker oder rechter Hand seitlich von der Waage auf, hängen Ihre Hand in den Ring, der unten befestigt ist, und ziehen. Angenommen, Sie ziehen die Feder und dadurch die Markierung auf der Skala bis zu 8 Kilo, so ist 8 Kilo Ihr momentaner Kraftpegel. Nun nehmen Sie das ins Bewußtsein, von dem Sie wissen wollen, ob es gut für Sie ist. Das könnte zum Beispiel ein Mensch sein. Sie halten sein Bild vor Ihrem inneren Auge fest und ziehen wieder. Haben Sie die Kraft, jetzt auf der Skala 12 Kilo zu erreichen, ist offensichtlich, daß die Nähe dieses Menschen Ihnen guttut. Schaffen Sie jetzt aber nur 5 Kilo, sollten Sie sich klar darüber werden, daß das Zusammensein mit diesem Menschen Sie Kraft kostet. Passen Sie beim nächsten Zusammentreffen gut auf, wie Sie sich in seiner Gegenwart und nachher fühlen. Es ist unglaublich, wie sehr Sie den Unterschied erkennen lernen zwischen »gibt mir Energie« und »raubt mir Energie«.

Der Test mittels Federwaage ist leicht verständlich: Gibt Ihnen etwas Kraft (Energie), erreichen Sie mehr Kilo (Pfunde) – raubt Ihnen etwas Kraft, erreichen Sie weniger Kilo. Üben Sie anfangs immer mit Extremen, bekommen Sie ein gutes Gefühl für »gibt« oder »raubt«.

Zuletzt mache ich Sie mit meinem bevorzugten »Solo-Test« ohne Federwaage vertraut: Waschen Sie sich gut die Hände, damit Sie nicht rutschen – Ihre Haut sollte frei von Fettrückständen sein. Drücken Sie Daumen und Mittelfinger einer Hand an den Fingerkuppen fest zusammen. Haben Sie das mit der linken Hand gemacht, haken Sie nun mit der rechten Hand Daumen und Mittelfinger in diesen Fingerring ein. Sie haken also in den senkrecht gebildeten Fingerkreis der einen Hand den waagerecht gebildeten Fingerkreis der anderen Hand ein. Machen Sie den Grundtest. Wieviel Kraft brauchen Sie, um diese zwei Fingerringe

auseinanderzuziehen? Nehmen Sie zu Übungszwecken zwei extreme Aussagen und testen Sie. Dadurch entsteht ein Gefühl für: wie leicht gleiten meine Finger auseinander, und wie stark können meine Finger werden.
Mit extremen Aussagen meine ich beispielsweise: Ich stelle die negative Behauptung auf: »Zigaretten tun mir gut.« Stellen Sie sich vor, Sie rauchen, oder tun Sie es wirklich. Nehmen Sie eine angezündete Zigarette zwischen die Lippen. Ziehen Sie. Sie können Ihre Finger bestimmt nicht ineinandergehakt halten. Das entgegengesetzte positive Beispiel: »Äpfel sind gut für mich.« Stellen Sie sich vor, einen Apfel zu essen, oder beißen Sie wirklich von einem ab. Ziehen Sie. Sie merken sofort den Unterschied – die Muskeln Ihrer Finger und Ihrer Hände werden kräftiger als vorher sein. Stellen Sie sich einen sehr lieben Menschen vor – dann einen, um den Sie sonst einen großen Bogen machen. Legen Sie einen Plastiksack auf den Tisch, drücken Sie Ihre Stirn darauf und behaupten Sie: Dieses Material ist gut für mich zu tragen. Ziehen Sie. Danach nehmen Sie ein Seidentuch oder ein Tuch aus einer anderen Naturfaser und drücken Ihre Stirn drauf. Ziehen Sie wieder. So können Sie Ihre Kleidung allein testen. Ich bitte Sie jedoch um eines: Üben Sie einige Zeit mit Extremen (besonders gut, besonders schlecht), bevor Sie den Inhalt Ihres halben Schranks verschenken. Erst wenn Sie wirklich mit dem Test umgehen können, integrieren Sie ihn in Ihr Leben.

Ein energiereiches Leben

Allmählich werden Sie alles, von dem Sie nicht vollkommen überzeugt sind, daß es für Sie gut ist, prüfen lernen. Sie sollen nicht hysterisch jede unwichtige Kleinigkeit testen, sondern eine echte Lebenshilfe für die wichtigen Dinge und Umstände Ihres Leben damit zur ständigen Verfügung haben. Glauben Sie, mit keinem dieser Energietests zurechtzukommen, machen Sie ein Kinesiologieseminar oder nehmen Sie sich ein paar Einzelstunden. Machen Sie keine komplizierte Sache daraus, die ist es nicht! Es lohnt, den Test zu üben und sinnvoll zu benützen, denn Ihr Körper ist ein wunderbarer Partner, der unendlich wichtige Botschaften vermittelt.

Meine Familie und meine Freunde wundern sich oft über meine Energie. »Es ist einfach«, sage ich, »ich versuche so zu leben, daß ich möglichst Menschen und Dinge meide, die mich zu viel Energie kosten, und möglichst viele Dinge tue, die mir Energie bringen.« Wenn ich schreibe, einen Vortrag halte, meine Lieblingsmusik höre, interessante Bücher lese, meine Meditation mache, mich mit lieben Menschen unterhalte, im Meer schwimme, einen schönen Spaziergang genieße, weiß ich, daß mir das sehr viel Energie bringt. Sie brauchen es nur auszutesten und auszuprobieren, es funktioniert wunderbar. Machen Sie einen Versuch mit Musik: Sie können herausfinden, welche Musik Ihnen Freude, Ruhe, Kraft und Energie bringt, und daraus großen Nutzen ziehen. Musik ist eine ausgezeichnete Medizin für viele emotionale Wehwehchen. Dazu möchte ich allen, die Musik lieben, das Buch »Die musikalische Hausapotheke« von Prof. Dr. Christoph Rueger (siehe Literaturhinweise im Anhang) empfehlen.

Wenn Sie durch den Test Ihre Einstellung zu gewissen Menschen und Umstände ändern, kosten Sie diese nicht mehr so viel Energie. Lassen Sie Menschen los, und vermeiden Sie Umstände und Situationen, die Sie permanent schwächen, dann hebt sich Ihr Energiepegel – Sie fühlen sich viel vitaler und unternehmungslustiger.

Ärger schwächt Sie!

Kehren wir wieder zur Reaktion unseres Körpers auf unsere Gedanken zurück. Eine ganz offensichtliche Reaktion, Ihnen allen nicht fremd, kommt zustande, wenn Sie sich ärgern. Es gibt Menschen, die ärgern sich über alles, und das fast ununterbrochen, und sie sagen noch stolz: »Ich ärgere mich Tag und Nacht, ich kann nicht anders!«
Das gleiche gilt für Nervenschwache. Türmen sich Berge von Arbeit auf, drehen Sie vor lauter Streß fast durch. Ärger und Streß schlagen sich erfahrungsgemäß auf den Magen. Das liegt daran, daß wir Unangenehmes nicht verdauen können, weil wir verlernt haben, Probleme in der richtigen Art und Weise anzugehen und zu erledigen. Ich gestehe, daß es Situationen gibt, die überaus ärgerlich oder streßig sind: Gegebenheiten, die auf den ersten Blick unlösbar erscheinen. Und doch sollten wir erkennen, daß durch Ärger, streßiges Verhalten oder kopfloses Durchdrehen bei Problemen noch nie an einer Situation auch nur das Geringste geändert oder verbessert werden konnte.

In der Ruhe liegt die Kraft.

Das ist der beste Rat, den ich Ihnen hier dazu geben kann. Ich hatte lange Jahre viele Gelegenheiten zu üben, und ich habe in vielen Situationen falsch reagiert. Deshalb bilde ich mir nichts darauf ein, schlußendlich kapiert zu haben, daß es auch anders geht als hektisch und kopflos.

Der Ruhige erkennt die Lösung,
der Hektische übersieht jede Lösungsmöglichkeit.

Darum sollten wir lernen uns zu entspannen. Immer dann, wenn Sie Ihre Gehirnströme bewußt verlangsamen, haben Sie die größte Chance auf eine gute Lösung.

»Explodieren« ist besser als »implodieren«

Ärgern Sie sich also viel, bekommen Sie Gastritis, Gallensteine oder andere Verdauungsbeschwerden – besonders wenn Sie mit Ärger überhaupt nicht umgehen können. Glauben Sie, ohne Ärger nicht auszukommen (diese Leute gibt es), so suchen Sie sich ein Ventil für Ihren Frust, das heißt, »explodieren« Sie! »Implodieren« Sie, um Gottes willen, nicht!

Frauen, die fast dreimal so oft Gallensteine bekommen wie Männer, neigen zum »Implodieren«. Männer neigen eher zum »Explodieren«. Warum das so ist, will ich an einem Beispiel erklären: Herr X. hat sich am Arbeitsplatz wieder furchtbar über seinen Kollegen geärgert. Er kommt heim, zieht ein Gesicht wie sieben Tage Regenwetter – seine Frau kennt das schon. Also hält sie den Mund. Er saust in den Keller, zieht sich um, holt das Fahrrad (die Tennistasche, die Fußballschuhe, die Golfsachen ...) und kann dann im Gasthaus (auf dem Tennisplatz, Fußballplatz, Golfplatz ...) seinen Frust, Ärger, Streß loswerden. Er bewegt sich, trifft Freunde, diskutiert über Gott und die Welt, schimpft auf die Politiker, kommt auf andere Gedanken, und so werden seine aufgestauten Emotionen immer weniger. Er kommt nach Hause, und die Weltuntergangsstimmung ist vorbei.

Bei Frauen ist es zumeist anders. Entweder sind sie hauptberuflich Hausfrauen oder tagsüber außer Haus berufstätig und arbeiten abends dann noch daheim. Diesen Frauen ist es nicht leicht möglich, alles liegen und stehen zu lassen und aus dem Haus zu rennen. Also ärgern und kränken sie sich still oder weinen vor sich hin, während sie kochen, bügeln, aufräumen, putzen, die Hausaufgaben der Kinder überprüfen und so weiter. Unser Ärgernisorgan ist die Galle: Also meine Damen, lernen Sie, sich entweder durch Entspannung zu beruhigen oder gekonnt zu explodieren! Wollen Sie Entspannung durch inneres Stillwerden nicht

ausprobieren, denken Sie über eine harmlose Möglichkeit nach, Dampf abzulassen. Gehen Sie ins Schlafzimmer, nehmen Sie ein Kissen und schlagen Sie damit so lange auf die Matratze, bis das Ärgste verraucht ist. Kommen die ersten Tränen, drehen Sie richtig auf. Anschließend noch ein paar Minuten zum Schneuzen und Verschönern – danach geht es Ihnen bestimmt viel besser. Auch das ist eine Möglichkeit zu »explodieren«.
Erkennen Sie durch den Armtest, wie sehr Ärger, Streß oder Nervosität Ihren Energiepegel senken, werden Sie die »Kunst der meditativen Entspannung« wie einen kostbaren Schatz zu pflegen lernen.
Wichtig ist: Fressen Sie nichts in sich hinein. Gehen Sie mit sich optimal um – so, wie es am besten zu Ihrem Charakter paßt. Machen Sie sich durch Ärger auf keinen Fall selbst krank! Krank zu sein und Ärger zu haben halten Sie viel weniger aus als gesund zu sein und hin und wieder ärgerlich (und gekonnt) zu explodieren.
Noch etwas ganz Wichtiges: Beherrschen Sie es, auch in problematischen Situationen ruhig zu bleiben, werden Sie nie den Fehler machen, an unschuldigen Menschen oder im falschen Augenblick Ihren Ärger abzureagieren.

Was Ihr Körper weiß

Sind Sie unschlüssig, ob Sie sich trauen sollen, um eine Gehaltserhöhung zu ersuchen, weiß das Ihr Körper bestimmt nicht. Ich denke, Ihr Verstand und Ihre Einsicht in Ihre Leistungen sind da ganz gute Antennen! Ihr Körper weiß auch nicht, ob Sie heute noch ins Kino gehen sollen. Es hat ebenso keinen Sinn, Ihren Körper zu fragen, ob Sie nächstes Jahr ein Kind bekommen und den passenden Mann dazu – oder umgekehrt.

Ihr Körper ist ein weises Wunderwerk, hellsichtig ist er nicht! Er kann nicht in die Zukunft schauen und gibt keine Antwort im üblichen Sinn; er weiß jedoch sehr genau, ob etwas für Sie gut ist oder nicht. Machen Sie keinen Hokuspokus aus dieser phantastischen Sache, sondern stellen Sie sinnvolle Behauptungen auf. Gewöhnen Sie sich daran, Feststellungen zu treffen wie: »Diese Sache, dieser Mensch, dieser Beruf, diese Speise, dieser Sport, diese Übung (Vorstellung davon machen) ist gut für mich.« Wird der Arm stärker, heißt das »ja«, Sie bekommen dadurch vermehrt Energie. Wird der Arm schwächer, heißt das »nein«, Ihre Energie wird dadurch gemindert. Treffen Sie präzise Feststellungen wie: »Diese körperliche Übung tut mir gut. Diesen Stoff verträgt meine Haut. Diese Speise gibt mir Energie. Dieser Mensch gibt mir Kraft.«
Lassen Sie sich immer erst den Arm drücken (oder ziehen Sie an der Federwaage oder die Finger auseinander), wenn Sie eine gute, innere Vorstellung (ein Bild) davon haben, was repräsentativ für das zu Testende ist.
Sie können zum Beispiel eine Ausbildung, die Sie gerne machen möchten, erst dann testen, wenn Sie wissen, wie diese wirklich ist. Einen Beruf können Sie nur testen, wenn Sie über die Anforderungen informiert sind. Einen Menschen können Sie bezüglich der Auswirkung auf sich selbst nur testen, wenn Sie ihn bereits kennen. Speisen und Getränke nehmen Sie am besten in den Mund. Bekleidung halten Sie an die Stirn. Ich betone noch einmal: Ein Mensch, der für Sie im Test negativ erscheint, ist deswegen nicht schlecht! Das heißt bloß, seine Energie paßt nicht zu Ihrer – mehr darüber in einem der späteren Kapitel!
Es würde mich aufrichtig freuen, wenn ich Ihnen mit diesem Armtest einen Lebensberater zur Seite gestellt hätte, der Sie so gut berät wie mich und Sie begleitet, wenn Sie zum Wesen werden, wie es ein Schöpfer plant. Den Weg dahin möchte ich Ihnen jetzt gerne zeigen.

3. Kapitel

Im 3. Kapitel lesen Sie:

- Erkenntnisse über Glück und Pech
- Der große Unterschied im Leben
- Warum sind wir glücklich?
- Die Geschichte vom wichtigsten Wunsch

Warum sind Leben so verschieden?

Was verursacht, daß die einen Lieblinge der Götter zu sein scheinen und die anderen dem Glück ständig atemlos hinterherlaufen. Manchmal denken Sie, »jetzt erwische ich einen Glückszipfel«, doch das Schicksal macht »ätsch«, und Sie schauen schon wieder durch die Finger!

Glauben Sie, daß Sie gescheiter sein müßten, um glücklich zu werden? Oder schöner oder besonders begabt sein müßten? Ich habe viele Menschen beobachtet und kennengelernt, die sehr gescheit sind, dabei aber kreuzunglücklich und von einer Depression in die andere fallen. Eigentlich dürfte es doch keine unglücklichen Gelehrten geben! Es gibt sie aber haufenweise. Schönheit? Denken Sie an Romy Schneider, sie war schön und begabt – doch ich glaube, daß sie nicht sehr viele Tage erlebt hat, an denen Sie die Welt gern umarmt hätte. Marilyn Monroe war schön und sexy – Elvis Presley reich und vom Erfolg verwöhnt. Die Filmidole sind besonders unglücklich – und könnten doch so glücklich mit dem sein, was ihnen das Leben zur Verfügung stellt. Auch berühmte Künstler sind traurige Beispiele: Schriftsteller, Maler, Musiker ... Es mag stimmen, daß ein Mensch überragende Kunstwerke erst schaffen kann, wenn er die Höhen und Tiefen des Lebens kennt, ausgekostet hat. Doch wie viele von ihnen konnten aus einem Tief nicht mehr heraus und beendeten freiwillig, voller Verzweiflung, ihr Leben.

Glück und Pech

Was bringt also Menschen dazu, die in einer kleinen Wohnung leben, die Karibik für eine Vogelart halten, aufgesprungene Hände vom Arbeiten haben, am Sonntag mit gutem Gewissen und Genuß ihren Schweinsbraten verzehren, dem Leben gegenüber von einer kindlich dankbaren Zufriedenheit erfüllt zu sein? Und es auch dann zu bleiben, wenn eine Krankheit über sie hereinbricht, das Geld knapp wird, das Hochwasser im Haus einen Meter hoch steht oder gar der Weggefährte stirbt?
Haben Sie schon einmal so einen Menschen gefragt, ob und warum er glücklich ist? Diese Menschen sagen sinngemäß: »Warum sollte ich unglücklich sein? Es geht mir gut, und wenn es mir hier und da schlecht geht, gehört das halt zum Leben.« Oft hörte ich den Nachsatz: »Der liebe Gott gibt uns schon nicht mehr, als wir ertragen können!«
In dieser Aussage liegt viel Vertrauen und Glauben, und diese Menschen tun eines ganz bestimmt nicht: Sie grübeln nicht dauernd im Sinne von: »Warum habe gerade ich ... Und jetzt schon wieder ich ... Und das war genau so wie damals, als der XY mir sagte ... Und bei mir kann es ja nie besser werden, weil ...« und so weiter.
Diese Menschen kontrollieren nicht bewußt ihre Gedanken; sie tun es unbewußt: Aus der Weisheit ihres Herzens und aus ihrer zufriedenen Seele kommen Gedanken des Vertrauens, der Zuversicht und der Gelassenheit.
Die professionellen Unglücksraben kontrollieren ihre vorwiegend trüben Gedanken bestimmt auch nicht. Sie lassen diese einfach zu – und leider ist keine innere Weisheit,

kein glückliches Herz, keine gütige Seele da, die etwas Positives schickt. Also brodelt der traurige, destruktive Gedankenbrei unheilvoll vor sich hin – und erzeugt immer wieder Unfrieden, Unheil, Neid, Haß, Krankheit und Unglück.

Der große Unterschied

Es gibt zwei weise Erkenntnisse, die unser Leben zum Guten hin verändern. Ich möchte sie Ihnen auf keinen Fall vorenthalten – sie lauten:

Der Narr läßt sich von seinen Gedanken beherrschen.
Der Weise beherrscht seine Gedanken.

und

Wir können Freude, Glück und Erfüllung
nie in Äußerlichkeiten finden.

Halten Sie trotzdem an der Ansicht fest, im Außen zuerst Ihr Glück suchen zu müssen, garantiere ich Ihnen: Sie suchen dort umsonst weiter. Heute las ich in einer Zeitung, daß ein Lottomillionär, der vier Millionen Mark gewann, mit einer Pistole, die er ständig bei sich trug, einen Menschen erschoß. Bei seiner Verhaftung rechtfertigte er sich: »Ich hatte kein normales Leben mehr. Ich konnte nirgends hingehen; dauernd bettelten mich die Leute an. Der war jetzt der letzte!«
Immer wieder höre ich so absurde Sätze wie: »Ich muß dieses Auto haben, sonst bin ich nicht glücklich!« Fügen Sie statt Auto jedes andere Wort ein: Mann, Frau, Geld, Motorboot, eine bestimmte Reise, Kleider, Schmuck – Sie

können die Liste beliebig fortsetzen – Sie stellen damit immer Bedingungen!

Glück und Zufriedenheit entstehen nicht dadurch,
daß das Leben eine Ihrer Bedingungen erfüllt.

Sie haben vielleicht eine gewisse Zeit mit dem neuen Auto Freude, doch wenn Ihnen Ihre Herzensdame sagt: »Du kannst mir samt deinem tollen Schlitten gestohlen bleiben!«, sind Sie wieder unglücklich. Der tollste Wagen, dazu ein Motorboot, die Reise dreimal um die Welt, zwei Pelzmäntel übereinander getragen, die schönste Frau oder der tollste Mann an Ihrer Seite werden Sie nicht wirklich glücklich machen, wenn es in Ihrem Inneren nicht stimmt. Da ärgert Sie, daß sich der Bekannte ein noch größeres Auto gekauft hat, im Motorboot des Freundes 20 PS mehr blubbern, die Reise doch nicht war, was Sie erhofften, Ihr Pelz altmodischer geschnitten ist als der der Freundin, der Schmuck der Dame neben Ihnen viel teurer als Ihrer aussieht, die Schönheit an Ihrer Seite pausenlos Unsinn redet und Ihr toller Mann mit allem flirtet, was Busen und Po hat. Überlegen Sie, ob Sie mit einem Leben zufrieden wären, so wie ich es jetzt beschreibe: Es gibt in Ihrer Gegenwart keine vergangenen Lasten, die Sie mit sich herumschleppen; es ist zwar nicht alles eitel Wonne in Ihrem Leben, doch Sie haben Vertrauen und wissen: »Ich komme mit allem irgendwie zurecht.« Sie freuen sich jeden Tag auf Ihre Arbeit, verdienen halbwegs gut, haben einen lieben Menschen an Ihrer Seite und sind gesund.
Möchten Sie da mit einer Berühmtheit des Showbusineß tauschen, die jeden Tag ihre Fältchen zählt und sich schon wieder vor der nächsten Schönheitsoperation fürchtet? Der ständig die Konkurrenz im Nacken sitzt und die lauert, ob ihr Platz nicht doch bald frei werden könnte? Die ständig das Verlassenwerden fürchtet, weil ihrem derzeitigen

Begleiter dauernd zu viel Verlockendes vor der Nase herumtanzt. Dazu kommt das anstrengende Leben: überall präsent sein, wo es wichtig ist ... immer strahlend lächeln, auch wenn auf der Ferse die Blase weh tut, der Zahn höllisch tobt und 38 Grad Fieber die Gedanken vernebeln ... Möchten Sie so eine Berühmtheit sein? Ein Star mit gigantischen Gagen? Sie werden sagen: »Das viele Geld hätte ich schon gern, ich würde nur anders damit umgehen!« Kann sein, daß Sie das glauben.
Doch bedenken Sie:

Es gibt wenig Zufriedenheit mit viel Geld.

Klingt komisch, ist jedoch eine alte Weisheit. Bekommen Sie auf einmal viel Geld, wollen Sie nicht mehr im Häuschen in der Siedlung wohnen, nicht mehr mit dem kleinen Auto fahren, nicht mehr so viel arbeiten. Wohnten Sie bis jetzt in der gemütlichen Terrassenwohnung, hatten zwei Autos und Ihr gutgehendes Geschäft und jetzt kommt plötzlich »das große Geld« – wie glauben Sie, daß das weitergeht? Auf einmal sehen Sie, was gehobene Luxusklasse ist! Da muß eine Zehn-Zimmer-Villa her, vielleicht ein kleines eigenes Flugzeug, ein paar repräsentative Schlitten, selbstverständlich eine Eigenjagd und und und ... So beginnt es kritisch zu werden. Immer gibt es jemanden, der mehr hat als Sie. Wenn Sie nicht innerlich reich und zufrieden sind, werden Sie immer neidisch und unglücklich bleiben und den Hals nicht voll kriegen.
Ich glaube, hätten Sie die Wahl zwischen der Beschreibung eines wirklich zufriedenen Menschen, der aus tiefstem Herzen glücklich ist, und dem Scheinglück im Außen – Sie würden richtig wählen. Ihre Seele (oder sagen Sie Intuition oder Gespür dazu) weiß, was stimmig ist. Ihr Ego und Ihr Verstand mögen Sie da in die Irre führen wollen und verlangen nach Reichtum, Größe und Berühmtheit.

Doch es gibt kein größeres Glück als ein heiteres Gemüt, das sich noch über Kleinigkeiten freuen kann, ein Herz, das voll Liebe und Mitgefühl schlägt, und eine Seele, die klar und ohne Last ist.
Denken Sie einmal nach. Hatte der glücklichste Moment Ihres Lebens mit etwas Materiellem zu tun? Wissen Sie noch, wie überglücklich Sie waren, als Ihr Kind, nach schwerer Krankheit, zum ersten Mal wieder ausgelassen herumtobte? Erinnern Sie sich, wie schön es war, als Sie sich zum letzten Mal richtig unbelastet und ausgelassen vor Lachen bogen. Denken Sie an die Umstände, die dazu führten! Hatte das etwas mit Geld zu tun? Brauchten Sie dazu Berühmtheit? Erinnern Sie sich an die schöne Zeit einer großen Liebe. Den ersten Augenblick, das tiefe Gefühl des Verstehens ohne Worte ... Das sind Glücksmomente, die mit unserer Seele, und kein bißchen mit einer dicken Geldtasche, zu tun haben.

Warum wir glücklich sind

Glück kommt aus der Tiefe Ihres Herzens und Ihrer Seele und erfüllt Ihr Gemüt mit Zufriedenheit und Harmonie. Können Sie das glauben, sind Sie bereits glücklicher als viele Menschen.
Hoffentlich plagt Sie nicht das schlechte Gewissen, wenn Sie sich Wohlstand wünschen, weil Sie zu wenig Geld zur Verfügung haben und mehr Einkommen möchten. Geld als unnötig abzutun, als unfein, unspirituell, Wohlstand als nicht erstrebenswert abzulehnen, das mag für viele Leute Inbegriff eines »neuen Bewußtseins« sein. Ich halte diese Einstellung jedoch für Unsinn. Wir leben in dieser Welt und brauchen dazu Geld. Außerdem ist genügend Geld etwas sehr Angenehmes, solange wir uns nicht von ihm ver-

sklaven lassen. Ich weiß nicht, von wem der Ausspruch stammt, den sich vor allem jene Menschen, die Geld noch immer mit dem Begriff Wohlstand verwechseln, einprägen sollten:

Wer Zeit seines Lebens nichts will als Geld,
hat am Ende seines Lebens nichts als Geld!

Ich finde diese Worte sehr gescheit. Sie warnen uns davor, das Geld anzubeten, es zum Herrn über uns werden zu lassen. Es soll uns dienen und uns das Leben erleichtern und verschönern.

Ich meine, daß man unter einer Brücke nicht besser meditiert als in einer gemütlich warmen Stube. Sollte jemand die zugige Brücke für die Qualität seiner Versenkung brauchen, respektiere ich diese Einstellung. Wohlstand (nicht Überfluß!) ist angenehm und erstrebenswert. Dabei möge jeder für sich entscheiden, was Wohlstand für ihn bedeutet. In einem weiteren Kapitel lege ich Ihnen dar, was ich darunter verstehe und wie Sie Ihr »Wohlstandsbewußtsein« aufbauen können.

Lesen Sie meine Überlegungen und meine Überzeugung zum Thema Glück, in Verbindung mit Wohlstand – ich hoffe, Sie geben mir recht:

Sie sind nicht glücklich, weil Sie reich sind,
Sie sind reich, weil Sie glücklich sind.

Sie sind nicht glücklich, weil Sie erfolgreich sind,
Sie sind erfolgreich, weil Sie glücklich sind.

Sie sind nicht glücklich, weil Sie schön sind,
Sie sind schön, weil Sie glücklich sind.

Sie sind nicht glücklich, weil Sie kreativ sind,
Sie sind kreativ, weil Sie glücklich sind.

Geben Sie sich genügend Zuneigung, Bewunderung, Geduld, und erkennen Sie an, daß Sie ein einmaliges Wesen mit wunderbaren Gaben sind, verstehen Sie auch, daß es eine Gnade ist, in jedem Augenblick Schöpfer seines Lebens zu sein.
Unbeirrbar an Ihre mentale Kraft zu glauben, erfordert wieder einen Schritt über Ihre geistigen Grenzen – ihn zu tun lohnt sich!
Was viele daran hindert, ein schöneres, freudvolleres, erfolgreicheres Leben zu haben, beruht zum großen Teil auf der Unkenntnis geistiger Gesetzmäßigkeiten.
Ich möchte Ihnen deshalb diese »geistigen Lebensgesetze« so einsichtig wie möglich darstellen, damit Sie diese verstehen – und weil Sie diese verstanden haben, anwenden.

Wissen allein genügt nicht –
zum Erfolg gehört das Handeln!

Ich möchte, daß Sie dem Leben entgegenlachen oder ihm wenigstens bald entgegenlächeln, weil Sie voll Zuversicht sind. Keinen Augenblick mehr Angst haben, sich der Macht bewußt werden, die, von Ihnen ausgehend, Ihre Lebensumstände verändern wird.
Leuchtet Ihnen nämlich ein, was das im vollen Umfang bedeutet, fängt für Sie ein neues, viel besseres Dasein an. Sie erkennen endlich Ihre gestalterischen Chancen und machen sich diesen Umstand zunutze!
Zum Abschluß dieses Kapitels möchte ich Ihnen eine sehr alte, gescheite Geschichte erzählen. Ich habe sie neu gestylt und glaube, damit fällt auch bei dem, der noch immer nicht weiß, was ich klarmachen will, der Groschen.

Die Geschichte vom wichtigsten Wunsch

Ein Mann war mit seinem Leben total unzufrieden. Voll Frust, laut schimpfend, fuhr er abends nach seiner letzten Konferenz nach Hause.

Plötzlich saß ein wunderbares, elfenhaftes Wesen auf dem Nebensitz und sagte: »Ich kann nicht mehr mit ansehen, wie unzufrieden du mit deinem Leben bist. Jetzt hast du die Chance, dein Glück zu machen. Denk dir drei Wünsche aus, egal, wie gigantisch sie sind. Ich bin heute guter Laune, deshalb dieses Angebot. Überlege dir sehr gut, was du wirklich willst – ich erfülle es! Dann ist aber Schluß mit deinem Gejammer! Also los!«

Der Mann war ganz aus dem Häuschen vor Freude und fragte: »Ich darf mir wirklich alles wünschen, was ich will?«

»Ja, drei Wünsche, keinen einzigen mehr. Sprich!«

Zuerst schoß ihm nichts als Geld und Macht durch den Kopf, doch dann stammelte er ein wenig verlegen: »Meine Frau! Ich kann sie nicht mehr aushalten. Zu alt, zu dumm, zu wenig elegant, kein Sex ... Du weißt schon. Ich würde sie zu gern los sein!«

»In Ordnung«, sagte die Fee cool. »Das ist also dein erster Wunsch.«

Nach ein paar Wochen verstarb die Frau, und er suchte sich sofort eine Jüngere und Schönere. Und bald darauf eine noch Jüngere und Gescheitere mit jeder Menge Sex-Appeal. Doch nach einiger Zeit gingen ihm die neuen Freundinnen so auf die Nerven, daß er begann seiner verstorbenen Frau nachzuweinen: »Was hatte ich doch für einen Schatz! Sie war geduldig, anspruchslos, arbeitsam, ruhig und fürsorglich ...!« Die Sehnsucht nach seiner verstorbenen Frau überfiel ihn derart, daß er die Fee rief: »Ich hätte gern meine Frau zurück, mach sie bitte wieder lebendig!«

»Nichts einfacher als das«, sagte die Fee, »denke daran, daß du nun nur noch einen Wunsch offen hast. Überlege dir ganz genau, was das Allerwichtigste für dein Wohlergehen ist.«

Zu Hause erwartete ihn tatsächlich seine wiederauferstandene Frau. Auf dem Tisch standen seine Leibspeise und sein bevorzugter Drink, und nachdem er, wie immer, mürrisch gegessen hatte, zog er sich sofort in sein Arbeitszimmer zurück und begann nachzudenken: »Was soll ich mir nun als letzten Wunsch erbitten?«

Er grübelte nächtelang, auch während seiner Konferenzen dachte er an nichts anderes mehr und kam trotzdem auf keinen grünen Zweig. Seine Gedanken kreisten immer wieder um »einen riesigen Haufen Geld und Macht über alles und jeden«, doch dann überlegte er:

»Was nützt mir das ganze Geld und alle Macht, wenn ich nicht gesund bin? Also wünsche ich mir Gesundheit! Doch was nutzt mir Gesundheit, wenn ich vielleicht mit dem Flugzeug abstürze! Unsterblichkeit? Doch unsterblich sein ohne Geld und Macht – grauenhaft! Soll ich mir viel Liebe und Sex wünschen? Doch ohne Gesundheit ist Liebe und Sex ein frommer Wunsch!«

So brachten ihn seine Überlegungen fast um den Verstand.

Er war bald so wirr und verzweifelt, daß er schon überlegte, auf den letzten Wunsch ganz zu verzichten. In diesem Zustand traf ihn die Fee: »Na, du siehst ja total gestreßt aus! Dabei hast du doch noch immer einen Wunsch offen! Also mach dich glücklich. Los, wünsche!«

Da begann unser Mann zu weinen und schluchzte: »Ich bin so durcheinander. Ich weiß überhaupt nicht mehr, was ich möchte. Bitte, sag du mir, was ich mir wünschen soll, ich komme nicht darauf!«

Die Fee bog sich vor Lachen und sagte: »Du bist mir schon ein rechter Tropf. Da hattest du die Chance dir dein

Himmelreich zu schaffen und weißt nicht einmal, wie es ausschauen soll! Also, ich helfe dir, hör gut zu:

> Wünsche dir, glücklich zu sein,
> was immer dir geschehen mag,
> und wünsche zu wollen, was immer du bekommst.
> Darin liegt das Geheimnis des Glücks!«

Ich habe über diese Geschichte sehr viel nachgedacht, denn sie ist eine unseres alltäglichen Lebens; und ich habe lange überlegt, wie ich Ihnen meine Erkenntnisse einprägsam genug weitergeben könnte.
Sie werden diese Zeilen vielleicht einige Male lesen müssen, denn sie sind nicht einfach zu begreifen – und noch viel schwerer zu akzeptieren: Für mich stimmen sie so sehr, daß ich sie für einen ganz wichtigen Schlüssel zum Glück halte!

4. Kapitel

Im 4. Kapitel lesen Sie:

- Erinnerungen sollten keine Belastung sein
- Die Aufforderung: »Werden Sie Ihr eigener Therapeut!«
- »Gehen Sie bei sich selbst auf die Couch!«
- Die Anleitung, wie aus einem Elefanten eine Mücke gemacht wird
- Selbstcoaching – im wahrsten Sinne des Wortes
- Wie möchten Sie gerne sein?
- Vergangene Erfolge – ein Weg zur Wesensänderung

Die Freiheit für den Neubeginn des Lebens

Sie sitzen in der Straßenbahn und schrecken plötzlich auf, fremde Augen mustern Sie, eine Hand legt sich auf Ihre Schulter: »Du warst aber weit weg. Ich schau' dich schon eine ganze Weile an!« Jähes Erkennen – meine ehemalige Nachbarin. Ich war wieder im Damals ... Schlucke erst einmal die Tränen der Erinnerung hinunter, bevor ich lüge: »Es geht mir gut!« Solange Sie Ihren Rucksack, vollgepackt mit belastenden Erinnerungen nicht endlich von Ihren Schultern gleiten lassen und am besten gleich ins Feuer werfen, brauchen Sie an ein unbeschwertes, glückliches Dasein gar nicht zu denken. Sie müssen frei werden für einen Neubeginn in Ihrem Leben.

Belastungen und Erinnerungen

Ich rate ganz bewußt, nicht *alle alten Erinnerungen* zu vergessen, denn Sie haben bestimmt auch sehr wertvolle, die Ihnen weiterhelfen, die das Leben verschönern und erleichtern. Ich spreche von *Belastungen* der Vergangenheit, die Sie in den nächsten Tagen sorgfältig sortieren sollten. Wählen Sie aus: schöne, gute, angenehme, lehrreiche Erinnerungen – will ich behalten. Und: alter Gram, vergan-

genes Leid, belastender Kummer, kränkende Erinnerungen – das brauchen Sie keinesfalls mehr. Aus meinen Buch »Umarme Dein Glück« kennen Sie die Möglichkeit, alte Erinnerungen dadurch loszulassen, daß Sie ihnen Ihren Herzenswunsch entgegensetzen. Ich habe von vielen Lesern gehört, daß sie große Schwierigkeiten haben, gedanklich bei der Vorstellung ihres Herzenswunsches zu bleiben. Ich bin zwar der Meinung, daß für den, der mit Beharrlichkeit sich täglich auf seinen Herzenswunsch konzentriert, das Loslassen von alten Belastungen ganz von selbst zustande kommt – doch sozusagen auf Wunsch, werde ich Ihnen mit einigen geistigen Techniken unter die Arme greifen. Doppelt gemoppelt schaffen Sie es leichter, die Altlasten auszuräumen. Ihren Herzenswunsch sollten Sie deshalb nicht in die unterste Schublade legen, sondern mental weiter hegen und pflegen. Mit dem notwendigen Verständnis dafür, wie wichtig es ist, Ordnung und damit Platz in Ihrem geistigen Oberstübchen zu schaffen, wird Ihnen auch die Notwendigkeit klarer, daß alte Lasten für immer »endversorgt« gehören.
Alles, was uns je widerfahren ist, hat unser Unterbewußtsein in Bildern gespeichert, die es als Erfahrung verwertet – jeweils bei passender Gelegenheit!
Um Ihnen gleich ein praktisches Beispiel zu geben: Wir alle hatten einmal einen ersten Arbeitstag. Egal, ob als Verkäuferin, Lehrling, Bankkaufmann, Arzt – welche Art Beruf ist unwichtig. Wichtig ist: Wie war dieser Tag? Welche Bilder hat unser Unterbewußtsein von damals gespeichert? Nehmen wir an, dieser Tag war ein Horrortag für Sie. Der Vorgesetzte ein kaltschnäuziger Macho, der kein nettes, aufmunterndes Wort zur Begrüßung für Sie fand, die Kolleginnen und Kollegen waren herablassend und übersahen Sie. Sie kamen sich verlassen und hilflos vor und dachten: »Ich bleibe nur hier, weil ich diesen Job wegen des Verdienstes brauche und weil ich keinen anderen Aus-

bildungsplatz fand – doch glücklich macht mich das nicht!«
Ihr Unterbewußtsein hat alle Bilder dieses ersten Eindrucks gespeichert, dazu Ihre Emotionen festgehalten, und heraus kam: Arbeit ist Horror!
Im entgegengesetzten Fall kamen Ihnen an diesem ersten Arbeitstag liebevolle Kollegen entgegen, die ihnen halfen und verständnisvoll waren. Sie trafen auf einen netten Chef, der Sie herzlich willkommen hieß, und dieser erste Eindruck wurde zu einem schönen Erlebnis. Ihr Unterbewußtsein speicherte schöne Bilder und angenehme Empfindungen. Heraus kam: Arbeit ist Freude!
Glauben Sie mir, unser erster Fall wird nie oder erst nach entsprechender bewußter innerer Umstellung seiner Erfahrungen Freude an seinem Arbeitsplatz empfinden oder mit Freude arbeiten.
Ich hatte Mitarbeiter, die ohne ersichtlichen Grund die Miene »null Bock auf Nichts« vor sich her trugen. Da ich keinen Grund dafür sah und ich es nie mochte, wenn ungute Atmosphäre im Betrieb war, bat ich denjenigen um eine Aussprache. Eine kleine Schnute ziehen wir leicht einmal, wenn uns eine Laus über die Leber läuft, doch ständig hängende Mundwinkel geben mir immer zu denken! Ich befragte meinen erstaunten Mitarbeiter, ob er sich erinnern kann, wie der allererste Arbeitstag seines Lebens war. Ich wurde nie enttäuscht – stets bekam ich Dramen zu hören. Ich versuchte dann zu erklären, daß diese böse Erfahrung ja längst vorbei sei und er bei mir doch etwas ganz Anderes erlebe. »Ja, schon«, bekam ich zur Antwort, »aber ich kann mich auch an meiner jetzigen Arbeit nicht richtig freuen. Ich weiß nicht wieso!«
Ich bin keine Psychologin und hatte damals natürlich nur meine Lebenserfahrungen und noch kein sehr großes Wissen über die Macht unserer Gedanken und den Einfluß unseres Unterbewußtseins auf unser Verhalten. Doch mit ein

wenig Phantasie und Einfühlungsvermögen konnte ich in diesen Fällen einiges bewirken, und ich sammelte in dieser Hinsicht viel Erfahrung.
Unser zweiter Fall (der mit dem schönen ersten Arbeitstag) geht auf jede neue Arbeitsstelle mit angenehmen Erwartungen zu, und sie werden sich erfüllen – denn er tritt ja ganz anders auf!
Geht der erste verkrampft und mit der Einstellung hin: Arbeitsplatz muß sein, ohne Verdienst verhungere ich, also nehme ich das Greuel »Arbeit« in Kauf... strahlt er Frust und Unlust aus.
Der zweite geht mit der Einstellung hin: Ich freue mich auf den neuen Arbeitsplatz, auf neue Aufgaben, Herausforderungen und Aufstiegsmöglichkeiten, dazu ein besseres Gehalt – und er strahlt erwartungsvolle Freude aus.
Sie können dieses praktische Beispiel auf alle Bereiche des Lebens ausdehnen: auf den ersten Schultag, die erste Geburt ihres Kindes, erste Liebe, erstes Ehejahr und so weiter. Vor allem in der Partnerschaft ist es beachtlich, welches Unheil traurige Erfahrungen anrichten. Das Unterbewußtsein hat oft so intensiv negative Erfahrungen gespeichert, daß dieser Enttäuschte fast nicht mehr in der Lage ist, ohne Vorbehalte auf einen neuen Partner zuzugehen. Entweder ist er durch die traurige Erfahrung blockiert, so daß er Neues gar nicht zuläßt, oder er kämpft vom unglücklichen Anfang an mit Versagensängsten. Selbstverständlich wirken seine »schlechten Erfahrungen«, die das Unterbewußtsein zur Verfügung stellt.
Um ein simples Beispiel zu zitieren: So lange trübes Wasser in einem Behälter ist, ist es nicht sinnvoll, frisches, klares nachzufüllen. Natürlich wird es irgendwann durch das Auffüllen auch klar – doch das dauert... Das schmutzige Wasser weggießen und dann frisches, klares hineingeben ist der viel bessere Weg. Ich bekomme jede Menge Briefe: »Helfen Sie mir, ich komme von meiner belastenden Ver-

gangenheit nicht los!« Also weiß ich, wie wichtig praktische Hilfe ist. Es hat wenig Sinn, Ihnen dauernd zu erklären, daß Sie die Vergangenheit loslassen sollen – Sie können oder wissen noch immer nicht wie! Vergessen Sie Sprüche, die Sie bis zum Erbrechen herunterleiern, wie: »Ich lasse alles los, was mich aus der Vergangenheit belastet. Mein Geist ist leicht und frei.« Sie glauben das ja nicht – und wenn Sie Ihre Affirmationen heruntergeratscht haben, holen Sie sofort den alten Horrorfilm hervor – und alles ist beim traurigen Alten. Schade um die Zeit!

Werden Sie Ihr eigener Therapeut

Bevor ich mit meinen praktischen Anleitungen beginne, weise ich noch mal darauf hin, daß ich keine psychologische Ausbildung habe. Ich habe aus Büchern, Vorträgen, Seminaren und am meisten vom Leben gelernt – und das gründlich. Alles, was ich weitergebe, habe ich selbst ausprobiert, und ich lebe, was ich schreibe. Hat es sich bei mir oder Menschen, die mir vertrauten, positiv ausgewirkt, dann weiß ich, daß es auch Ihnen helfen kann. Letztendlich dürften wir alle aus dem gleichen Nest stammen und sind Kinder des gleiches Vaters – wer immer das für Sie sein mag. Ein Teil der Psychologie meint, daß man, um sich zu verändern, weit zurück zu allen tiefliegenden, negativen Ereignissen gehen muß, diese wieder und wieder durchleben und analysieren soll, bis der Geist schließlich aus einer Art Übersättigung heraus, sagt: »Jetzt habe ich davon genug!« – und auf diese Weise losläßt. Der ohnehin Geplagte durchlebt dabei immer und immer wieder die Seelenpein und das alte Leid. Ich meine, das schwächt den Armen noch mehr – und meine Erfahrung zeigt: Helfe ich einem Menschen, der mit seinem Kummer nicht zurecht-

kommt, schnell aus seiner tristen Vergangenheit heraus, fängt er sich seelisch viel eher. Weiter bin ich der Meinung, daß ständiges Wiederkäuen einer schmerzlichen Situation dem Unterbewußtsein sehr lange ausschließlich negative Bilder zeigt, so daß es gar nicht erkennen kann: »Ich will da heraus!« In schweren Fällen gehört ein seelisch kranker Mensch natürlich zum Facharzt, und da sind viele Sitzungen und medikamentöse Behandlung erforderlich.
Ich denke, daß es gut wäre, die unwissenschaftliche Schnellmethode, quasi als erste Hilfe, einmal auszuprobieren – schaden kann Sie Ihnen nicht! Ich will Sie keinesfalls von der Couch abhalten, mancher gehört dorthin – doch glauben Sie nicht, daß ein Psychologe Ihnen ohne Ihre aktive Mitarbeit helfen kann. Ich möchte Ihnen gern begreiflich machen, daß das, was immer Ihr Leben trübe macht, nie von einem anderen Menschen bereinigt und geheilt werden kann. Sie können von anderen Hilfe und Führung erhalten – der wichtigste bei jedem Heilungsprozeß sind Sie!

Glauben Sie an Ihr Können und Ihre Kraft,
haben Sie die schwerste Wegstrecke geschafft!

Folgen Sie mir aufmerksam, verstehen Sie sehr bald, wie leicht Ihr Gehirn umprogrammierbar ist. So können Sie, ab heute, Ihr eigener Therapeut werden – und es wird Sie, über die Steine hinaus, die von Ihrer Seele purzeln, faszinieren, was Sie mit sich selbst alles erreichen können.
Sie brauchen nichts zu verdrängen. Sie schauen sich eine Situation (in der Rückblende) an und fragen sich: »Was kann und sollte ich daraus lernen?« Haben Sie Ihre Lektion erkannt, brauchen Sie diese alte Geschichte nicht mehr. Alles, was schön und aufbauend war, belassen Sie. Alles, was Sie niederdrückt, soll, so schnell wie möglich, aus Ihrem Bewußtsein verschwinden ...

Sie dürfen jetzt ganz bewußt in Ihrem Vergangenheits-Rucksack kramen: Nehmen Sie sich für die kommende Übung im nächsten Abschnitt gleich einen anständigen Seelenbrocken vor.

Gehen Sie bei sich selbst auf die Couch

Es muß nicht der berühmte Freudsche Diwan sein, ein gemütlicher Sessel tut es auch. (Selbstverständlich geht es auch im Liegen.) Schließen Sie Ihre Augen und versetzen Sie sich in einen sehr entspannten Zustand. Machen Sie eventuell vorher meine Meditation »Die Felder der Farben« und anschließend bringen Sie sich ganz leicht in den Alpha-Zustand.
Zur Erinnerung: Im Alpha-Zustand verlangsamen sich Ihre Gehirnströme auf acht bis dreizehn Hertz. (Im Wachzustand arbeitet das Gehirn auf einer Frequenz von über dreizehn Hertz.) Lenken Sie Ihre Aufmerksamkeit auf Ihren Atem: Er soll ruhig und tief sein. Konzentrieren Sie sich auf einen Punkt, der in der Mitte Ihrer Stirn liegt. Schauen Sie mit geschlossenen Augen dorthin. Halten Sie zehn Atemzüge lang diese Augenposition, und Sie sind im Alpha-Zustand. Die Aufwärtsstellung Ihrer Augen löst Alpha-Wellen aus, weitere Möglichkeiten in den Alpha-Zustand zu kommen sind in meinem ersten Buch beschrieben.
Sehen Sie nun – vor Ihrem inneren Auge – eine Situation aus Ihrer Vergangenheit, die Sie sehr belastete und noch immer große Emotionen bei Ihnen auslöst. Nicht einen ganzen Film, sondern nur ein repräsentatives Bild für diese Situation – oder stellen Sie sich den Menschen vor, den Sie mit Ihrem Kummer in Verbindung bringen.
Ein Beispiel: Sie haben einen lieben Menschen verloren.

Durch Tod, durch Scheidung, durch einen Unfall, nach einem bösen Streit – es gibt noch viele andere traurige Umstände, die zur Trennung führen. Es gibt davon *ein repräsentatives Bild*, das furchtbar ist, das Sie immer wieder heraufbeschwören und das Ihr ganzes Leid immer wieder hochkommen läßt. Sie wissen genau, welches Bild das ist. Es mag das erste Weihnachtsfest allein mit den Kindern gewesen sein, und Sie sehen sich schluchzend den Baum schmücken. Es kann der letzte kalte Blick beim Verlassen des Gerichts gewesen sein, der Ihnen noch immer Tränen in die Augen treibt. Es kann das wachsbleiche Gesicht und die kalte Hand des liebsten Menschen nach dem tödlichen Unfall sein, das Sie nicht ruhen läßt. Es kann das trostlose Erinnerungsbild der letzten Aussprache sein, das Ihnen noch immer die Lebensfreude nimmt...

Im entspannten Zustand finden Sie das repräsentative Bild dafür. Schauen Sie es sich jetzt genau an, und Sie werden merken, daß Sie das sehr gut können. Sie haben es noch immer ganz nahe vor Ihrem inneren Auge. Es ist gut zu erkennen, zumeist sogar farbig, und es ist hell und eindringlich! Oft klingen Ihnen noch die dazugehörigen bitteren Worte im Ohr, und Sie spüren die dazugehörigen traurigen Emotionen. Ist das so, ist die alte belastende Erinnerung leider präsent und genauso in Ihrem Unterbewußtsein bildlich gespeichert.

Was uns belastet oder aufbaut

Jeder Mensch erkennt zwar recht gut, was ihn belastet oder aufbaut; doch wie er damit sein Leben erleichtert oder leider auch über Gebühr belastet, das wissen nicht viele.

Wenn ich es zusammenfasse, heißt das, unser Gehirn funktioniert derart, daß uns

was wir scharf, hell und nahe
vor unserem inneren Auge haben,
wenn es negativ ist, belastet;
wenn es positiv ist, erfreut und aufbaut.

Sie kennen das Sprichwort: Etwas ins rechte Licht rücken. Sie machen das nun mit dem bedrückenden Bild. Haben Sie es gut vor Ihrem inneren Auge, beginnen Sie, um das Bild herum einen dicken blauen Strich zu ziehen. Sie rahmen es also mit einem dunkelblauen dicken Rahmen ein. Dadurch wird das Bild bereits etwas dunkler. Versuchen Sie das Bild weiter zu verdunkeln, bis es so düster wird, daß es kaum mehr zu erkennen ist (wie eine alte Schwarzweißfotographie). Nun schieben Sie dieses allmählich immer dunkler werdende Bild noch weiter von sich weg. Hörten Sie Stimmen, werden diese immer leiser, und Ihre Emotionen werden durch das Verdunkeln und Wegschieben geringer. Denn Sie können ein inneres Bild nicht von sich wegschieben, ohne daß es leiser wird.
Übung macht den Meister – und es hilft, wenn Sie anfangs mit Ihrer Hand den imaginären blauen Rahmen nehmen und tatsächlich von Ihren Augen wegziehen – so weit, wie Ihre Hand reicht. Sie werden staunen, wie gut diese Technik funktioniert.

Machen Sie aus einem Elefanten eine Mücke

Ich möchte Ihnen eine Spezialität Ihres Gehirns erklären, die Sie nutzen können, um altes Leid zu eliminieren und sich mit schönen Erinnerungen aufzubauen.

Alles, was Sie sich groß, hell, farbig,
laut, intensiv, emotionsbeladen

in Ihr Bewußtsein (vor Ihr inneres Auge)
holen, *wirkt stark*!
Alles, was Sie dunkel, leise, unscharf,
verkleinert, verschwommen – in Ihrem Bewußtsein
(vor Ihrem inneren Auge) haben und von sich
wegschieben, *verliert immer mehr an Wirkung!*

Darauf bezieht sich auch der Ausspruch: »Ich nehme davon Abstand« (weil Sie das innere Bild von sich wegschieben).
Sehr gut illustriert diese Technik das geflügelte Wort:

»Machen Sie aus einer Mücke keinen Elefanten!«
oder umgekehrt:
»Verkleinern Sie, was ein zu großer Brocken für Sie ist!«

Beherrschen Sie diese Technik, können Sie alles, was Ihnen aus der Vergangenheit immer noch große Schmerzen bereitet und was Sie bisher nicht schafften loszulassen, hervorholen und wirkungslos werden lassen. Ja, Sie können diese Belastung völlig auflösen, indem Sie das Bild, das Sie weit von sich weggeschoben haben, in einem Ballon entschweben lassen, vernebeln, in einer Wolke verschwinden lassen oder sogar durch eine Explosion auflösen ... wie es Ihnen besser gefällt.
Einmal wegschieben und (beispielsweise in einer grauen Wolke) verschwinden lassen, genügt nicht, Sie beherrschen die Technik erstens noch nicht gut genug, und es kommt darauf an, wie groß die Wunde ist, wie tief der Kummer sitzt. Wenden Sie diese Technik so lange an, bis Sie im Alltag merken: Ich habe diese Situation vergessen, ich schaue mir die dazugehörigen Bilder nicht mehr an, ich kann an diesen Menschen, dieses Vorkommnis ohne Herzweh denken.
Ich hatte bei einem Seminar eine Dame, die mit Ihrer

Schwester Probleme hatte, sie war übermächtig für sie, und daraus resultierte die Disharmonie zwischen ihnen. Diese Teilnehmerin konnte gut mit dem Visualisieren umgehen. Sie stellte sich die Schwester vor, verkleinerte sie auf das »rechte Maß«, schob sie weg (nahm Abstand von ihr), und noch während wir übten, sagte sie überrascht: »Ich kann gar nicht mehr mit Groll an sie denken. Ich habe unserer Beziehung anscheinend den Stachel gezogen!« Zu Hause erzählte sie das ihrem Mann. Der war natürlich skeptisch. Bei der nächsten Begegnung kamen sie, ihr Mann und die Schwester nicht aus dem Staunen heraus, sie konnten sich gegenseitig nicht mehr auf die Palme bringen. Die ehemals »kleine Schwester« hatte die übermächtige Schwester zur »Mücke« gemacht.
Seufzen Sie nicht, indem Sie sofort sagen: »Das kann ich nicht!« – Übung macht den Meister! Wenn Sie jetzt weiterlesen, werde ich Sie bestimmt zum Probieren animieren.

Selbstcoaching

Jeder Politiker, egal ob rot, schwarz, grün oder gelb, jeder Fernsehliebling und jeder, der in der Öffentlichkeit etwas werden will, läßt sich heutzutage »coachen«. Das heißt, ein Profi der Selbstdarstellung sagt ihm, wie sein Lächeln sein soll, damit es echt wirkt. Wie er mit den Händen gestikulieren darf, damit ihn niemand als verschlossen und gefühlsarm entlarvt, wie die Stimmlage sein soll, damit er überzeugend, aufrichtig, erfolgreich, emotional und mutig erscheint. Dieses Training kostet einen Haufen Geld, und angeblich bringt es sehr viel.
Sie brauchen keinen Coach – Sie coachen sich ab heute selbst, Sie bringen sich so in Form, daß Sie wirklich Ihrem

Vorgesetzten Ihre Argumente zu einer bestimmten Sache mit selbstsicherer Ruhe vortragen können. Hatten Sie vorher zu viel Respekt, werden Sie jetzt gerade den richtigen Respekt (falls er ihn verdient) haben; wo Sie vorher um ein mühsames Lächeln rangen, werden Sie gelöst und frei lachen, und Sie werden nicht mehr stottern vor Aufregung, weil fünf Leute aus der Firma zuhören, sondern gelassen sprechen.
Ich bin keine schüchterne Frau, doch viel introvertierter, als die Menschen es üblicherweise von mir annehmen. Ich spreche gern unter vier Augen oder im kleinen Kreis. Durch den Erfolg meines ersten Buches kamen so viele hilfesuchende Menschen auf mich zu, daß ich mit Briefen, persönlichen Gesprächen oder Telefonaten nicht mehr helfen konnte. Ich erkannte, daß ich nicht die notwendige Kraft zu wirklicher Hilfe habe, wenn ich auf dem »Zahnfleisch« gehe. Es blieb mir nichts anderes übrig, als meine Seminare über kreatives Schreiben und mentales Bewußtseinstraining, die im kleinen, freundschaftlichen Kreis stattfanden, aufzugeben und mich bei Vorträgen und Seminaren einer größeren Menge zu stellen. Ich hatte das Gefühl: »Das stellt für mich eine Hürde dar, das ist eine Nummer zu groß für mich!« Da fiel mir das Selbstcoaching ein: Ich brauche ja nur den Kreis der Zuhörer mental zu verkleinern, um gelassener damit umgehen zu können. Heute freue ich mich auf meine Zuhörer, denn ich habe gelernt, Vorträge zu halten und geführte Meditationen ruhig zu sprechen. Auch vor einem großen Saal voller Menschen schrecke ich nicht mehr zurück. Mein Geheimnis ist nicht nur, daß ich mit Begeisterung und Freude auf die Menschen zugehe, auch der richtige innere Abstand hat sich automatisch eingestellt. Den können Sie sich ab jetzt für jede Situation, die Ihnen eine Nummer zu groß erscheint, ebenfalls schaffen.
Es gibt Menschen, die ich mir gedanklich »vom Leibe« hal-

te, das heißt, denke ich an sie, sehe ich sie stets etwas entfernt von mir. Ich lasse sie (vor meinem inneren Auge) nie ganz an mich herankommen und kann so sehr gut mit ihnen umgehen. Mittels dieser Technik verschwinden auch zu schnell aufsteigende Emotionen, die bestimmte Menschen bei mir hervorrufen.

Nehmen wir ein praktisches Beispiel: Sie haben einen Vorgesetzten, den Sie wirklich respektieren und schätzen. Sie sind kreativ und einfallsreich und möchten ihm Ihre Verbesserungsvorschläge unterbreiten. Leider schüchtert er sie (grundlos oder mit Grund) ein. Ihre ganzen tollen Ideen verpuffen in den gestotterten Satzfragmenten, die Sie in seiner Gegenwart hervorbringen. So kann es keinen beruflichen Aufstieg geben!

So schon: Gehen Sie in den Alpha-Zustand, sehen Sie den Herrn Direktor XY an seinem Schreibtisch sitzen. Jetzt nicht blau rahmen – Sie wollen ihn ja nicht vergessen oder aus Ihrem Bewußtsein verschwinden lassen, sondern nur an die richtige innere Stelle rücken! Dieses repräsentative Bild von ihm schieben Sie nun von Ihrem inneren Auge so weit weg und verkleinern es dabei so lange, bis es eine Größe hat, die für Sie nicht lachhaft, sondern handlich oder umgänglich ist.

Daß Sie visualisieren (sich ein inneres Bild von etwas machen können) ist Voraussetzung, um diese Techniken erfolgreich anzuwenden. Haben Sie damit Schwierigkeiten, empfehle ich Ihnen das 8. Kapitel meines ersten Buches (»Schaffen Sie sich ein neues Leben durch die Macht Ihrer Gedanken«) wieder durchzuarbeiten. Ein gutes inneres Vorstellungsvermögen ist wichtig. Bitte lernen Sie das *bildhafte innere Sehen;* der Schritt von der Vorstellung zur Realität erfordert das Visualisieren.

Was Sie sich nicht vorstellen können,
können Sie nur schwer erreichen!

Beherrschen Sie es, werden Sie staunend erleben, um wieviel leichter Sie alles, ohne Kampf und Krampf, erreichen können. Halten Sie in Ihrem Bewußtsein fest:

Alles muß zuerst im Geist entstehen,
damit es Wirklichkeit werden kann!

Ihr Vorstellungsvermögen ist die Grundlage für jedes Mentaltraining und für alle Psychotechniken – Sie werden für jede Minute des Übens sehr viel Belohnung erhalten.
Kehren wir zum angsteinflößenden Boß zurück! Am ersten Übungstag versuchen Sie die richtige innere Distanz zu finden. Probieren Sie: Auf halbe Armlänge wegschieben? Ganze Armlänge? Noch weiter? Machen Sie nie den Fehler und heben Sie das Bild an, so daß Sie nach oben schauen müssen! Rücken Sie es eher nach unten. Sie schauen also dem Boß auf die Glatze, nie unters Doppelkinn! (Vielen Chefs schaut man natürlich auf den Lockenkopf, nie unters markante Kinn!)
Haben Sie das Gefühl: Ja, so habe ich ein gutes Gefühl, ich bin ihm nicht überlegen, habe aber auch nicht mehr das Gefühl des »armen Würstchens«; von heute an paßt das Verhältnis. Dann halten Sie diesen inneren Abstand ab jetzt eisern ein, wenn Sie an diesen Menschen, und die entsprechenden Situationen mit ihm, denken. Diese Technik wird Ihnen ungeahnte Möglichkeiten für viele Situationen Ihres Lebens auftun, die Ihnen bisher Angst, zu viel Respekt, Verlegenheit, Befangenheit und so weiter eingeflößt haben. Sie werden bald in der Lage sein, jedem so zu begegnen, *wie Sie es sich vorstellen!*
Wie ausbaufähig diese Technik ist, kann ich hier nicht vermitteln. Doch auch mit dem, was ich Ihnen nun an Wissen über die Handhabung dieser Technik erklärt habe, erhalten Sie eine wertvolle Lebenshilfe. Sie sollten Sie nur anwenden, wenn Sie Ihnen zusagt und die entsprechenden Umstände Ihres Lebens danach verlangen.

Beherrschen Sie es gut »aus einem Elefanten eine Mücke zu machen«, werden Sie Meister über Ihre Emotionen und können stets in Ruhe mit Belastendem, auch aus der Vergangenheit, so umgehen, wie es für Sie richtig ist.
Ich glaube zwar, daß es unnötig ist – trotzdem gebe ich Ihnen ein paar Anregungen, was Sie »mit dem passenden inneren Abstand«, durch die »Elefantenverkleinerung«, alles »auf das richtige, angemessene Maß« reduzieren können:
– die bevorstehende Aussprache mit dem Partner wird zu einem gelassenen Gespräch, artet nicht in eine Tragödie oder einen hysterischen Anfall aus;
– das Ersuchen um Gehaltserhöhung geht ruhig und selbstbewußt, durch richtige Argumente gestützt, über die Bühne;
– das Vorstellungsgespräch absolvieren Sie gelassen und souverän, im Bewußtsein, daß kein Übermensch vor Ihnen sitzt;
– jedem Gespräch, jeder Ansprache, jeder Prüfung, jedem öffentlichen Auftritt werden Sie viel ruhiger und gelassener entgegensehen. Es wird Ihnen gut dabei gehen, denn Ihre Elefantenherden werden immer kleiner und verschwinden immer mehr – und Mücken lassen sich viel leichter verjagen …
Das sind einige der Möglichkeiten, sich mit dieser Technik das Leben zu erleichtern. Bleiben Sie so lange beim entsprechend verkleinerten Abstand Ihrer *repräsentativen Vorstellung*, bis Sie selbst merken: »Damit werde ich fertig, das ist kein Problem mehr für mich!«
Ich brauche mir heute einen vollen Vortragssaal nicht zu verkleinern und Zuhörer auf Distanz zu halten, denn ich habe kein Problem mehr damit, vor vielen Menschen zu sprechen. Ich habe durch diese Technik damit umgehen gelernt. Meine Bitte: Üben Sie, üben Sie, üben Sie – es ist etwas Wunderbares, von dem Sie jetzt noch nicht überzeugt sind, weil Sie zum Glauben Ergebnisse brauchen.

Bedenken Sie in diesem Zusammenhang etwas ganz Wichtiges:

Ein gutes Gespräch
kann die Wende in Ihrem Leben bringen.

Erinnern Sie sich an mich, wenn Sie die erste wichtige Sache dadurch gut über die Bühne gebracht haben – ich bin stolz auf Sie und gratuliere Ihnen!

Wie möchten Sie gern sein?

Sind Sie gelassen, wenn Sie sehen, daß die Torte nur zwei Zentimeter hoch wird, die Gans verbrannt ist, der Wein stoppelt und der wichtige Besuch um eine Viertelstunde zu früh in der Tür steht? Sind Sie mutig und aufrichtig, wenn es darum geht dem Freund zu erklären, daß Sie einem anderen Ihr Herz geschenkt haben? Bleiben Sie humorvoll, wenn auf Ihre Kosten ein Witz gemacht wird und die ganze Gesellschaft sich kugelt? Sind Sie überlegt und umsichtig, wenn einer um halb acht Uhr morgens in Ihr neues Auto kracht und die erste Besprechung um acht Uhr beginnt? Sind Sie ehrlich, wenn die Freundin fragt, ob Sie ihr unmögliches Kleid schön finden?

Keine Schande, wenn Sie nicht immer und überall gelassen, mutig, humorvoll, umsichtig und ehrlich sind – dann wären Sie ein Übermensch. Hätten Sie gerne ein paar dieser Eigenschaften – oder einige ein wenig gestärkt –, helfe ich Ihnen auf den nächsten Seiten, das zu schaffen.

Wir gehen einmal davon aus, daß Sie nicht gelassen sind. Im Gegenteil, Sie flippen bei jeder Kleinigkeit sofort aus.

Gehen Sie in den Alpha-Zustand, stellen Sie sich eine Situation vor, während der Sie normalerweise so ausrasten,

daß Sie kaum Ihren Namen wissen. Drehen Sie den Spieß um! Stellen Sie sich die Situation so vor, wie Sie sich wünschen würden, darin zu agieren. Machen Sie ein kleines Filmchen, wie gelassen und souverän Sie diese Situation meistern: Bewunderung steigt in Ihnen auf – Sie sind das Muster eines gelassenen Menschen.
Diesen kleinen Film (in dem Sie sich nicht zuschauen, sondern in dem Sie als Hauptdarsteller agieren!) zeigen Sie ungefähr hundertmal Ihrem Unterbewußtsein. Dann sind Sie mutig – und wie! Erschrecken Sie nicht bei der Zahl hundert; der Film braucht nicht länger als eine Minute zu dauern. Sie können Ihr Unterbewußtsein nicht austricksen und clever überlegen: »Ich schaue mir den ›Mutfilm‹ an einem Abend gleich hundertmal an, investiere heute knappe zwei Stunden, und dann habe ich es geschafft!« So geht es nicht! Hundert Tage – und zwischendurch, tagsüber, immer wenn Sie daran denken, ein repräsentatives Bild anschauen: So werden Sie mutig! Kommt Ihnen das jetzt ungeheuer aufwendig vor? Sie irren. Bedenken Sie, daß drei bis vier Monate keine Ewigkeit sind, und dann hat Ihr Unterbewußtsein kapiert: »Ich bin mutig«, und es läßt zu jeder Situation die richtigen Mut-Bilder aufsteigen. Noch etwas Entscheidendes passiert: Sie werden immer weniger Situationen vorfinden, die Ihnen Mut abverlangen – Sie empfinden in einschlägigen Situationen anders. Wo Sie vorher entmutigt waren, kommen Sie gar nicht mehr auf die Idee, daß Sie dazu Mut brauchen. Weil Sie jetzt ein mutiger Charakter sind, empfinden Sie kritische Situationen viel entspannter. Es kann sein, daß Sie keine hundert Vorstellungen brauchen, weil Sie nach zwei Monaten merken: »Holla, ich bin ja schon ganz anders geworden, geradezu ein Ritter ohne Furcht und Tadel!« Machen Sie sofort weiter, und eignen Sie sich jene Eigenschaft an, die Ihnen als nächste sehr abgeht und wichtig ist. Meine Anregung: Gelassenheit!

Seien Sie nicht zu ungeduldig; Sie waren jetzt 35 Jahre oder länger ein Angsthase, also kommt es auf ein paar Monate mehr auch nicht an. Sie können jedoch den Vorgang der Umpolung sehr beschleunigen: Erleben Sie den kurzen Positivfilm mit viel Emotionen, seien Sie, während Sie mutig handeln, innerlich voll Stolz auf sich. Spüren Sie die Freude über Ihre Tatkraft, bauen Sie eventuell noch ein paar Statisten ein, die Ihnen ihre Hochachtung über Ihr mutiges Handeln ausdrücken – dann geht alles doppel so schnell. Innere Bilder und Vorstellungen bekommen durch Emotionen »Turbokraft«, und das Unterbewußtsein strengt sich dann mit der Verwirklichung besonders an. Emotionen »beeindrucken« unser Unterbewußtsein gewaltig! Natürlich kenne ich den Einwand: »Mache ich das alles, habe ich für nichts mehr Zeit. Kein Buch, kein Kino, kein Rendezvous! Wozu verwandle ich mich in diesen tollen Menschen, wenn ich keine Zeit mehr habe, auszugehen, mich in meinen neuen Gemütskleidern zu präsentieren?« Stimmt nicht! Erstens ist es sehr gut, wenn Sie nicht mehr so viel zum Grübeln und Hadern kommen. Zweitens können Sie überall und jederzeit (Straßenbahn, Zug, Wartezimmer, hoffentlich nicht Krankenhaus, vor dem Einschlafen und so weiter) Ihre geistige Umpolung vorantreiben. Drittens sollen Sie nicht jede kleine Unart und jeden kleinen Makel bereinigen – Sie brauchen kein Übermensch zu werden. Suchen Sie sich ein paar wirklich wichtige Eigenschaften, die Ihnen wie ein Bissen Brot abgehen, und zeigen Sie diese, in einer entsprechenden Vorstellung, Ihrem Unterbewußtsein. Tun Sie das so lange, bis es dieses Verhalten als zu Ihnen gehörig annimmt. Überprüfen Sie sich: Haben Sie die Veränderung geschafft, sollten Sie ganz selbstverständlich in der gewünschten Art und Weise, bei entsprechender Gelegenheit agieren. Haben Sie sich eine Eigenschaft erfolgreich zugelegt, schadet es nicht, sich hier und da ein wenig »nachzujustieren«.

Zur Sicherheit gebe ich Ihnen ein Beispiel aus meinem Leben. Gesucht: Mut und Gelassenheit auf einen Schlag.
Mein Film zeigt, wie ich in einer Unterschriftenmappe blättere. Dann gehe ich zur Mitarbeiterin und sage ruhig: »Sie waren heute toll im Verkauf und sehr nett im Umgang mit den Kunden, doch einige Briefe haben zu viele Schönheitsfehler! Bitte schreiben Sie die, die ich angestrichen habe, um.«
Nächste Szene: Ich treffe einen Bekannten, der unbedingt etwas von mir will. Er erwartet Mitarbeit bei einer Sache, die ich nicht gutheiße. Ich sage: »Es tut mir leid, doch ich habe kein Interesse an diesem Projekt.« Er: »Wir haben uns fest darauf verlassen, daß du mitarbeitest! Du weißt genau, daß wir sehr viel Hilfe brauchen!« Ich: »Du hattest keinerlei Zusagen von mir, also fühle ich keine Verpflichtung, etwas zu tun!«
»Prima, genau so cool und mutig bin ich!« applaudiere ich mir und freue mich während dieser zwei kleinen Szenen, weil ich Ruhe ausstrahle und vollkommen gelassen sage, was für mich stimmt – und was ich will! Mit der Bekräftigung: »Niemals ein Jein!« beschließe ich meine abendliche Vorstellung.
Es dauerte die vollen hundert Vorstellungen, bis ich mich umerzogen hatte, und ich würde mich noch immer nicht als »Weltmeister im Neinsagen« bezeichnen. Doch ich tue absolut nichts mehr, was mir ganz und gar gegen den Strich geht, und sage ruhig meine Meinung. Habe ich das Gefühl, hier und da zu weich zu werden, justiere ich mich mit ein paar »Behandlungen« nach und bin wieder gefestigt.
Denken Sie nach, welche Eigenschaft Ihnen bereits viel Ungemach und Schaden zugefügt hat und Sie wirklich stört. Machen Sie einen Versuch, indem Sie sich die genau gegenteilige Eigenschaft einprogrammieren – Sie werden nach dem ersten Erfolg begeistert und zufrieden sein! Viel Spaß bei der Veränderung!

Profitieren Sie von vergangenen Erfolgen

Kein Mensch hat nur schlechte Erlebnisse und Erfahrungen. Selbst wenn Sie sich ständig wie ein Versager verhalten und fühlen, schleicht sich hin und wieder eine Situation ein, in der Sie stolz auf sich sind. Diese Ereignisse sind Gold wert! Hüten Sie diese und kramen Sie, so oft Sie Zeit haben, Ihre Ruhmestaten hervor. Damit beeindrucken Sie Ihr Unterbewußtsein. Dadurch, daß Sie Ihrem Unterbewußtsein Ihren Erfolg von damals immer wieder vorführen, stimmen Sie es so um, daß es beginnt Sie aufzubauen. Von innen heraus bekommen Sie quasi »geistigen Beistand« und beginnen immer mehr nach diesen positiven Erfahrungsbildern, als Grundlage Ihres Wesens, zu handeln.

Ein Beispiel: Sie haben in der Firma einen neuen Computer erhalten, die Kollegen und Sie werden geschult. Am Ende des Schulungstages stehen alle mit verkrampften Händen da, und keiner traut sich hinzugreifen. Sie haben alles so gut verstanden, daß Sie sich mutig hinsetzen und die erste Eingabe machen. Alles klappt, und die Bewunderung der anderen trägt Sie weiter. Sie bieten an: »Ich arbeite mit jedem so lange, bis er sich auskennt!« Wetten, daß Sie sich wunderbar in dieser Situation fühlen? Holen Sie dieses Erfolgserlebnis, so oft Sie können, hervor. Gehen Sie in den Alpha-Zustand, und genießen Sie den Ablauf noch mal. Genießen Sie vor allem die dazugehörigen Emotionen: den Stolz, die Freude, die Genugtuung, das Lob und die Dankbarkeit der Kollegen. Es können auch private Szenen (vielleicht ein Flirt oder eine Liebe) sein, die Sie aufbauen. Wann fühlten Sie sich als »Femme fatale«, als »Traumfrau« oder als »Herzensbrecher«? Erinnern Sie sich, bei welcher Gelegenheit Sie mit schmachtenden Blicken bombardiert wurden? Wer hat Sie umschmeichelt, Ihnen Komplimente gemacht? (Bitte keine Szenen hervorholen, die mit Weh-

mut behaftet sind!!!) Die kleinen, schönen Glanzlichter des Alltags meine ich, die sollten Sie sich immer wieder vor Ihr inneres Auge holen. Wenn Sie schön langsam vorgehen – die berühmten hundert Tage! –, werden Sie von innen heraus ein Mensch, der sich schätzt und auf sich stolz ist.
Sie haben keine Highlights, keine wahren Erfolgsbilder? Auch kein Grund zur Mutlosigkeit! Erfinden Sie welche! Werden Sie kreativ und denken Sie sich kleine Erfolgsfilme aus – diese wirken genauso gut wie echte. Bauen Sie sich damit auf. Lassen Sie sich von niemand einreden, daß das Selbstbetrug ist. Das ist der Weg zu einem glücklichen Leben, weil Sie wissen, daß Sie ein wunderbarer Mensch sind, der sein Leben selbst zu gestalten vermag.

5. Kapitel

Im 5. Kapitel lesen Sie:

- Das Grundgesetz heißt: Harmonie und Liebe
- Das Gesetz der Resonanz
- Was spiegeln Sie wider?
- Polarität – Ihr Bewußtsein ist zweipolig, nicht die Welt!
- Was Denken oder Zweifeln bewirkt
- Positives Denken heißt auch: Erkennen!
- Ursache und Wirkung – so entsteht Realität

Die geistigen Gesetzmäßigkeiten

Seit Jahrhunderten haben sich Menschen für fast sämtliche Lebensbereiche Gesetze geschaffen. Erblicken wir das Licht der Welt, werden wir sofort registriert, damit wir dem Auge des Gesetzes ja nicht entkommen – für den Fall, daß ... Und haben wir dann den letzten Atemzug gemacht, sind wir mit den Gesetzen auch noch nicht fertig. Das Erbschaftsgesetz verfolgt den Erblasser oft über das Grab hinaus – die Erben streiten manchmal jahrelang ...

Während unseres Lebens werden wir von einer Flut von Gesetzen reglementiert. Verhalten wir uns gesetzeskonform, sind wir also brave Staatsbürger, können wir uns (relativ) frei bewegen. Handeln wir jedoch in böser Absicht oder in Unkenntnis der Gesetzeslage nicht einwandfrei, verfolgt uns das Auge der Justiz. Besser gesagt, die Gerichte verfolgen uns so lange, bis wir dingfest gemacht sind, und dann bekommen wir unsere Strafe aufgebrummt.

Unser Leben ist aber auch von einer inneren Ordnung durchdrungen – und diese schöpferische Ordnung gehorcht »geistigen Gesetzen«. Das sind keine Vorschriften, von irgendwem willkürlich geschaffen. Es sind »Gesetzmäßigkeiten«, die einem absolut harmonischen Rhythmus folgen. So möchte ich sie im weiteren sinnvollerweise nennen, und sie zu kennen ist genauso wichtig wie zu atmen. Der geistige Vater, der diese Gesetzmäßigkeiten zum ersten Mal für die Menschen formuliert hat, ist wahrscheinlich Hermes Trismegistos, der Weise des Altertums. Ich fand nicht sehr viel verständliche, frühe Literatur dazu. Was es gibt, ist sehr stark vom Gedanken der christlichen Nächstenliebe, von der Sicht der römisch–katholischen Kirche geprägt und baut zumeist auf dem simplen »Gut-Böse«- und »Richtig-Falsch«-Prinzip auf. Doch so einfach können diese Gesetzmäßigkeiten nicht interpretiert werden.

Dr. Joseph Murphy, der Meister des positiven Denkens, hat sich ebenfalls damit befaßt, und seine Interpretation ist für mich von großem ethischen Wert. Gute zeitgemäße Bücher dazu finden Sie in meinen Literaturhinweisen genannt.

In etwas gleichen sich diese geistigen Gesetze und unsere menschlichen oder fallweise unmenschlichen Gesetze: Egal, ob wir sie kennen oder ob wir in Unkenntnis dagegen verstoßen, die Strafe erfolgt in jedem Fall – entweder auf dem Fuße oder später!

Darum möchte ich Sie nicht nur vor Schaden bewahren, sondern Sie auf die Vorteile hinweisen, die Sie haben, wenn Sie ein Kenner der Materie werden. In diesem Fall sind Sie der haushohe Gewinner – ein Rechtsgelehrter der geistigen Gesetze.

Das Grundgesetz: Harmonie und Liebe

Es gibt eine grundlegende Gesetzmäßigkeit, aus der sich jede andere ableitet. Sie ist die Grundlage unseres Daseins. Es handelt sich um Harmonie und Liebe...

Obwohl unsere Welt nicht immer so aussieht – sie wurde als harmonisches Ganzes geschaffen. Machen Sie sich doch bewußt, wie harmonisch unsere Natur ist. Wir säen

und ernten nach einer gewissen Zeit – nichts ist auf Zufall aufgebaut, sowohl wir Menschen als auch die Tierwelt unterliegen einer absoluten Harmonie. Es stünde alles zur Verfügung, was wir zu unserem Leben brauchen: Nahrung, Kleidung, Behausung, Gefühle – alles ist da, wenn wir nur diese Ordnung nicht eigenmächtig stören würden. Wie wir Menschen leider sind, können wir nicht die Finger davon lassen, dem lieben Gott dreinzupfuschen. Beispielsweise schaden wir unserer Erde sehr, indem wir Müllberge anhäufen. Zuerst produzieren wir Berge von Abfall, graben ihn zur Entsorgung in die Erde und dann tragen wir echte Berge ab. Sorglos planieren wir den Boden und roden den Wald, damit die Hänge, Hügel- und Kuppen passende Skipisten werden. Die Auswirkungen davon sind einerseits verheerende Murenabgänge in den Alpen, andererseits vergiftete Erde und in weiterer Folge schlechtes Wasser und giftige Dämpfe rund um die Mülldeponien. Diese Liste können Sie beliebig fortsetzen, beginnend bei der Verunreinigung unserer Luft, endend bei der Genmanipulation am menschlichen Gehirn. Ich denke mit Grauen an die Vorstellung, einen bestimmten Menschentyp zu klonen.
Doch kommen wir zu dem wichtigen Gesetz der Harmonie zurück. Was bedeutet es für uns menschliche Wesen konkret? Ich versuche eine Zusammenfassung:

Störe nie die Harmonie der Schöpfung,
denn die Schöpfung wird für Ausgleich sorgen!

Harmonie ist: Tag und Nacht, Ebbe und Flut, Licht und Schatten, Arbeit und Ruhe, aber auch *Geben* und *Annehmen*!
Wenn Sie arbeiten, hat Ihr Dienstgeber für einen entsprechenden Ausgleich zu sorgen – er bezahlt Sie für Ihre Leistung. Versagt er diese Bezahlung oder, anders gesagt, ist

er zu geizig, Sie angemessen zu entschädigen, verstößt er gegen das Gesetz der Harmonie. Er hat nur genommen – nicht entsprechend gegeben.

Drücken Sie sich jedoch vor der Arbeit, haben Sie außer einem gesunden Büroschlaf nichts zu bieten – und trotzdem Ihr Gehalt genommen –, verstoßen Sie ebenso gegen das Gesetz der Harmonie. In beiden Fällen wird das Leben dafür sorgen, daß der Ausgleich – irgendwann, auf eine Weise, die Sie oft vordergründig nicht gleich sehen – geschieht. Vielleicht wird Ihnen etwas genommen, das in keinem Zusammenhang mit Ihrem Beruf steht. Sie können eine Liebslingsvase haben, die Sie hüten wie Ihren Augapfel, und eines Tages fällt Sie Ihnen aus der Hand. »Plumps«, und das Leben hat Ihnen etwas anderes Wertvolles genommen. Es kann auch etwas noch Wertvolleres sein – je nachdem, wie sehr Sie genommen haben, ohne entsprechend zu geben. Das kann Ihre Wohnung sein, Ihr Auto, auch Ihr Partner (der Partner nur dann, wenn es eine Strafe für Sie ist) oder Ihre Freiheit! Denken Sie nie: »Das habe ich so geschickt gemacht, das merkt niemand!« Das Leben merkt es – und sorgt für Ausgleich. Vielleicht klappt es in diesem Leben nicht mehr, die Schicksalswaage wieder ins Gleichgewicht zu bringen – dann wird uns später die Rechnung präsentiert. Unverständliches Schicksal wird dadurch verständlicher! Die Schöpfung ist immer gerecht!

Es gibt die Weisheit: Zuerst kommt das Dienen, dann das Verdienen; das heißt, zuerst kommt die Ausbildung, das Lernen, die Praxis – und wenn ich etwas kann, *gut* bin, dann steht mir eine entsprechende *Vergütung* zu. Mein Lohn! Daraus folgt, daß auch das *Annehmen* gelernt sein will. Erbringe ich eine gute Leistung, ist es nicht richtig – aus falscher Bescheidenheit – zu sagen: »Ach, das war nur eine Kleinigkeit, dafür nehme ich nichts. Nicht der Rede wert!« Das ist falsch!

Ich habe gelernt, für meine Leistung, auch von Freunden,

eine angemessene Entlohnung zu verlangen, und ich bin sehr froh, wenn Freunde und Bekannte es genauso halten. Der Spruch »strenge Rechnung, gute Freunde« hat was für sich! Bei Veranstaltungen, wie Vorträgen und Seminaren, verlasse ich mich auf meine innere Stimme, um etwas richtig zu bewerten. Meine Erfahrung kann ich nicht in Geld ausdrücken, sie ist kostenlos – meine Zeit, die ich für die Erstellung meiner Skripten und die Vorbereitung der Veranstaltung brauche, stelle ich in Rechnung.

Haben Sie Ihrer kleinen Welt, also dem Partner, den Eltern, Kindern, Freunden, Bekannten, Mitmenschen viel gegeben, dürfen Sie zu Recht annehmen, daß Ihnen das Leben etwas im gleichen Wert – wieder kann das völlig losgelöst von dem einen in Erscheinung treten – geben wird. Beispielsweise spontane Hilfe, wenn Sie diese am dringendsten brauchen, einen Gewinn aus heiterem Himmel, wenn Sie finanziell auf dem Trockenen sitzen, Rettung, wenn Sie glauben, alles ist zu Ende, ein offenes Herz, wenn Sie einsam sind, oder Liebe, wenn Sie nicht mehr zu hoffen wagen... So sind wir ganz selbstverständlich bei den Gesetzmäßigkeiten der Liebe gelandet.

Natürlich denken wir beim Wort Liebe sofort an »das große Gefühl«, das uns die Herzchen vor den Augen flimmern, und uns, zumindest für einige Zeit, überglücklich sein läßt. Aber die Liebe, die ich hier meine, ist die Hinwendung zur Schöpfung schlechthin: zu allen Menschen, Tieren, der Natur. Das, was wir uns so sehr wünschen, ist wunderschön, legal, und ich wünsche Ihnen diese Erfahrung von ganzem Herzen: daß Sie wenigstens für eine gewisse Zeit glücklich verliebt sind. Im Idealfall wird aus Verliebtheit wahre Liebe. Darunter verstehe ich, für einen bestimmten Menschen das Beste zu wollen und es ihm zu geben, ohne Gegenleistungen zu erwarten.

Das beinhaltet: glücklich zu sein, wenn dieser Mensch es ist; für ihn zu bitten, wenn er unterwegs ist – doch nicht

damit er zu *mir* heimkommt und für *mich* wieder da ist – sondern, damit *er* beschützt ist.
Das ist nicht Selbstlosigkeit (denn unser Selbst brauchen wir noch), das ist Liebe. Genauso ist es Liebe, für Mitmenschen etwas zu tun, ohne sofort dafür in den Medien genannt oder öffentlich gelobt zu werden. Ein Mensch kann Ihnen nützlich und angenehm sein, deshalb sind Sie gut zu ihm – Sie brauchen ihn also! Aber auch das ist nicht Liebe. Sie nehmen – und geben, *weil*...

Liebe ist Geben ohne Bedingung!

Sie bekommen Ihre Gegenleistung vom Leben, denn wenn Sie so lieben und leben, strahlen Sie Ihre Liebe und Güte aus – und das, was Sie aussenden, wird verstärkt zu Ihnen zurückkehren.
So komme ich von der Gesetzmäßigkeit der Harmonie und Liebe zur nächsten, ganz wichtigen Gesetzmäßigkeit.

Das Gesetz der Resonanz

Ich bin damit bei meinem Lieblingsgesetz angekommen, denn wenn Sie dieses vollkommen verstehen und anwenden, verändert sich Ihr Leben fast von einem Tag auf den anderen. Ich versuche, Ihnen die Resonanzwirkung unserer Gedanken auf unser Leben möglichst verständlich zu erklären, damit Sie ab sofort den Nutzen aus der Kenntnis dieser Gesetzmäßigkeit ziehen können.
Sie haben sicher schon gehört oder gelesen, daß unsere Gedanken Energie sind, die auf einer bestimmten Frequenz schwingen. Zur Erinnerung und zum besseren Verständnis: Alles was ist, ist Energie. Obwohl wir jeden Gegenstand und jedes Lebewesen als feste Materie wahrneh-

men, ist es nur unser sinnliches Wahrnehmungsvermögen, das uns die Dinge so sehen läßt. Doch egal, ob feste Materie oder nichtmaterielle Energie, alles pulsiert als energetische Schwingung.
In der Naturwissenschaft gibt es ein Gesetz, das besagt:

Gleiches zieht Gleiches an
und wird durch Gleiches verstärkt.

Das heißt, übertragen auf unser Leben: Wenn ich ein liebevoller Mensch bin, strahle ich Liebe, Güte, Verständnis, Hilfsbereitschaft, Mitgefühl aus – und ich ziehe alles an, das auf der gleichen Frequenz schwingt.
Durch folgende Erklärung werden Sie das Gesetz der Resonanz sehr gut verstehen: Sie stellen sich vor, daß alle unsere Emotionen auf einer Skala festgehalten sind. Sie reicht beispielsweise von eins bis zehn; eins steht für die niedrigste Schwingung, zehn für die höchste.
Ein niederes Gefühl ist Neid. Nehmen wir an, es ist auf unserer Skala der Frequenz drei zugeordnet. Plagt Sie also dauernd Neid, senden Sie »Dreier-Neid-Wellen« aus. Da Sie Gleiches anziehen, also wieder »Dreier-Neid-Wellen«, verstärken Sie dadurch Ihre »Dreier-Neid-Schwingung«.
Auf unser Leben übertragen, heißt das: Neidische Gedanken plagen mich – ich leide daher unter der Emotion »Neid«. Ich ziehe all die neidischen Gedanken und neidgeplagten Menschen an, die genauso sind wie ich. Dadurch, daß ich dauernd auf Menschen stoße, mit Menschen zu tun habe, die neidisch sind, schaut mein Dasein so aus, als würde mich das Leben stets ungerecht behandeln. Es kommt mir vor, als würde mir alles vorenthalten, was ich bei anderen bewundere und gern hätte, doch was ich anscheinend nie bekommen kann.
Kennen Sie einen Menschen, der auf alles und jeden nei-

disch ist? Er lebt in dieser unseligen Schwingung und findet nicht heraus, sein ganzes Sinnen und Trachten ist darauf gerichtet: »Wo kann ich jemand etwas wegnehmen, ohne dafür etwas zu geben?« Seine Gedanken kreisen ständig um die Erkenntnis: »Mein Gott, der hat mehr als ich!« Das sind jene traurigen Figuren, die bei vollen Schüsseln verhungern, oft unter Qualen sterben, weil sie ihr Vermögen nicht mit ins Grab nehmen können – sich aber auch zu Lebzeiten nie richtig daran erfreuen konnten. Erstens hatten sie Angst, daß ihnen ein anderer etwas wegnehmen, abbetteln, abluchsen könnte – und zweitens litten sie, weil es immer jemanden gab, der mehr hatte und darum zu beneiden war. Das sind arme Teufel, im wahrsten Sinne des Wortes.

Wie wunderbar dieses Gesetz der Resonanz jedoch wirkt, wenn Sie voll Liebe, Freundlichkeit, Güte – also in einer hohen Schwingung – leben, ist eines der göttlichen Geschenke, die wir unbedingt nutzen sollten.

Liebe ist sicher die höchste Schwingung auf unserer Skala und hat damit Frequenz zehn. Wenn Sie ein Dasein leben, geprägt von Freundlichkeit, Toleranz, Liebe und Güte, dann ziehen Sie Menschen und Gedanken an, die genauso gut und liebevoll sind. Damit erhöhen sich Ihre schönen, guten, liebevollen Schwingungen und Emotionen – und Ihre Welt wird tatsächlich mit »Liebe voll«.

Das sind nun keinesfalls Menschen, die zu allem »Ja« und »Amen« sagen und sich nie ihrer Haut wehren. Diese Menschen haben die Kraft, gelassen »Nein« zu sagen und uns die Wahrheit verständnisvoll beizubringen. Es sind Menschen, deren Gegenwart wir suchen, weil wir uns bei Ihnen wohl fühlen. Zu denen ist kaum jemand unhöflich, rücksichtslos, falsch, brutal – wir spüren die Echtheit dieser Menschen und die Aura des Edlen, die sie umgibt.

Darf ich Sie um eine Minute Stille bitten? Bewegen Sie das

soeben Gelesene in Ihrem Herzen, und Sie werden erkennen, wie Sie Ihre Welt bewußt erhellen können:

Es kommt nur darauf an,
auf welcher Frequenz Sie senden!

Das Gesetz der Resonanz äußert sich jedoch auch so: Denken Sie dauernd: »Ich bin eine Null!«, dann ziehen Sie dieses herabsetzende Gefühl magnetisch an, fordern beispielsweise Ihren Vorgesetzen geradezu heraus, Ihr »Null-Dasein« zu bemerken und entsprechend zu reagieren. Schlußendlich schaffen sie es auch, daß Ihr Unterbewußtsein Ihre ursprünglich nicht vorhandene Nichtigkeit als Tatsache annimmt – und Ihre Umwelt reagiert entsprechend. Wie erlebt eine Null ihr Dasein? Sie wird übersehen, ausgenützt, ausgelacht, es gibt keine glückliche Partnerschaft, keinen Erfolg im Beruf, keine erbaulichen Kontakte mit Freunden und so weiter.
Umgekehrt schließt das erfreuliche Erlebnis des Bewußtseins »Ich bin ein wertvoller Mensch!« alles ein, das ein Leben lebenswert macht. Sie werden von Ihrer Umwelt geschätzt, man vertraut Ihnen, überträgt Ihnen Verantwortung, kommt Ihnen liebenswürdig entgegen, achtet Sie – und so ist auch der Partner beschaffen, den wir uns wünschen, egal ob privat oder beruflich: wertvoll!
Mit jeder Art von Schlechtigkeit setzen Sie ebenfalls die Mechanismen des Resonanzgesetzes in Kraft: Alles, was Sie einem Menschen an bösen Gedanken und Verwünschungen senden, kommt entweder beim Empfänger an – weil er ein ebenso mieser Kerl ist, also die gleichen bösen Gedanken denkt und daher aufnahmebereit für diese Frequenz ist –, oder Sie haben Pech, und Ihr frommer Wunsch trifft auf einen guten Menschen. Sorry, der sendet auf Welle neun oder zehn – da prallen Ihre Zweier-Bösartigkeits-Wellen ab. Er ist quasi immun gegen Ihre bösartigen Ge-

danken, weil er in einer anderen Schwingung lebt. Also geht die Post retour und verstärkt nur wiederum Ihre Bösartigkeit. Da Sie leider in diesem Fall die ganze Schlechtigkeit der Welt um sich herum anziehen, werden Sie zu denjenigen Menschen gehören, die ständig im Morast des Schicksals leben.

Doch auch wenn Ihre »böse Post« angenommen wird, sind Sie nicht aus dem Schneider: Sie sind empfänglich für diese Schwingung, *weil Sie in ihr pulsieren,* ziehen also auch in diesem Fall jede Schlechtigkeit der Menschheit an – und kommen auch so nicht ungeschoren davon oder endlich aus dem Sumpf heraus.

Wir sollten die Kraft haben und einsehen, wie wir sind! Lösen Sie sich mit aller Kraft von allen niederen, bösen, neidischen, haßerfüllten Gedanken und Wünschen, und lassen Sie ab heute Liebe, Friede, Freude, Mut, Toleranz, kurz alle guten Gefühle Ihre Gedankenwelt erfüllen. Nur so kommen Sie aus dem Teufelskreis des Negativen heraus und beginnen sich auf ein lebenswertes Niveau einzustimmen.

Wir sind offen für alles, was unser Denken beherrscht!
Wir sind offen für alles,
worauf unser Bewußtsein gerichtet ist.

Ich habe das einer jungen Dame erklärt, und sie sagte spontan zu mir: »Wissen Sie, woran ich das erkennen konnte? Als ich schwanger war, fiel mir ein Phänomen auf. Ich sah auf einmal so viele Frauen mit Babybauch, daß ich dachte: ›Sind wirklich ständig so viele Kinder unterwegs? Warum fiel mir das nie auf?‹ Erst als ich selbst schwanger war, meine Gedanken darum kreisten und sich mit diesem Zustand beschäftigten, bemerkte ich die vielen werdenden Mütter. Ich verstehe, was Sie mir erklären wollen. Ich habe mich resonanzfähig dafür gemacht.«

Interessieren Sie sich plötzlich für etwas Bestimmtes sehr intensiv, weil Sie ein Hobby darin entdeckt haben, dann sehen Sie plötzlich in der Auslage von Buchhandlungen die entsprechenden Bücher dazu. Sie entdecken in den Zeitungen Berichte darüber, lernen Menschen kennen, die das gleiche Hobby haben oder Ihnen weiterhelfen. Sie stoßen auf Ausbildungs- oder Weiterbildungsmöglichkeiten. Es ist faszinierend, was das Leben bereithält, wenn wir nur das Richtige aussenden.
Sie sollten es versuchen und genau beobachten, wie sich Ihre Verhältnisse verändern. Stellen Sie Ihre Schwingung ganz bewußt auf Liebe, Harmonie, Freundlichkeit, Güte, Toleranz, also auf eine hohe Frequenz ein, und schauen Sie genau hin, was passiert. Sie werden überrascht feststellen: Die Welt um Sie herum beginnt sich zu verändern. Sie treffen auf einmal viele nette Menschen, finden Entgegenkommen, erleben Freundlichkeit, Liebenswürdigkeit, Hilfsbereitschaft ...
Sie werden es nie schaffen, die Menschen und Dinge um sich herum zu verändern. *Ändern Sie sich und Ihre Einstellung zu den Menschen und Dingen* – und Sie werden bemerken, wie sich die Qualität Ihres Lebens verbessert – suchen Sie sich die richtige Wellenlänge!

Verändern Sie sich innerlich –
tut es die Welt um Sie herum auch.

Das Gesetz der Spiegelung

Eine »Nebenbestimmung« des geistigen Gesetzes der Resonanz ist das Gesetz der Spiegelung. Von der Literatur wird es, zu Unrecht, sehr stiefmütterlich behandelt; dabei ist es zum Verstehen Ihrer Lebensumstände von größter Bedeutung. Die zentrale Aussage lautet:

Ihre Lebensumstände spiegeln Ihr Bewußtsein wider!

Ich ernte nach dieser Feststellung bei meinen Vorträgen damit anfangs Unverständnis und Skepsis. Doch wenn die Zuhörer diese Gesetzmäßigkeit zu verstehen beginnen, gibt es immer betretene Gesichter und viele Fragen dazu. Was meine ich damit? Damit meine ich zum Beispiel, daß die Liebe, die Ihnen andere Menschen entgegenbringen, die Liebe widerspiegelt, die Sie sich selbst entgegenbringen.
Genauso spiegelt die Unfreundlichkeit, die Ihnen von Ihrer Umwelt entgegengebracht wird, die Unfreundlichkeit wider, die Sie sich selbst entgegenbringen.
Sie sind nicht unfreundlich zu sich? Glauben Sie das? Stellen Sie sich folgende Fragen: Nehme ich mir genug Zeit, in mich hineinzuhorchen, um meine Bedürfnisse zu erfahren? Bin ich gut und geduldig zu mir? Gebe ich meinem Körper und meinem Geist die notwendige Ruhe, die er braucht? Habe ich Verständnis für meine Fehler, die ich nur mache, weil ich Neues probiere, mich weiterentwickeln will?
Sie haben keine Geduld mit sich selbst? Dann wird Ihre Umgebung, werden Ihre Mitmenschen, auch Ihr Partner, mit Ungeduld auf Sie reagieren. Sie gestatten sich nie, müde zu sein, nie zu ruhen? Das Leben wird Sie mit Streß eindecken! Sie verzeihen sich keinen Fehler? Machen sich wegen jeder Unzulänglichkeit Selbstvorwürfe? Ihre Welt wird Ihnen mit Härte, Kälte und Unverständnis begegnen! Werden Sie betrogen? Ihr Partner spiegelt nur die mangelnde Aufrichtigkeit wieder, die Sie sich selbst gegenüber an den Tag legen; spiegelt all das wider, was Sie sich vormachen!
Schauen Sie sich Ihre Partnerschaft genau an! Was spiegelt

sie wider? Die Wut, die Sie auf sich selbst haben, weil Sie so und so sind? Ihre Verachtung, Ihren Haß, den Sie tief in sich für sich selbst empfinden? Oder die Kleinlichkeit, die Sie im Umgang mit sich selbst an den Tag legen?
Hoffentlich ist es umgekehrt: Sie leben in einer liebevollen Umgebung und Partnerschaft, weil Sie für sich selbst Liebe und Zuneigung empfinden. Ihr Partner, ihre Kinder, Freunde sind stolz auf Sie, weil Sie auf sich selbst stolz sind und Ihre vielen Vorzüge anerkennen. Ihre Umwelt reagiert mit Verständnis und Gelassenheit, wenn Sie Fehler machen, weil jeder weiß, daß Sie begabt sind und immer wieder mutig Neuland betreten. Die Menschen in Ihrer Umgebung sind tolerant und einsichtig Ihnen gegenüber, weil Sie auf Ihre eigenen Fehler und Schwächen mit Gelassenheit und Toleranz reagieren und Sie erkannt haben, daß man durch Fehler lernt.
Ich sehe mit Freude die Gesichter meiner Zuhörer nachdenklich, betreten oder freudig werden! Dann weiß ich, sie haben diese wichtige Gesetzmäßigkeit des Lebens verstanden. Ich hoffe, auch Sie haben verstanden und sind ab heute ein liebevollerer Partner für sich selbst. Öffnen Sie Ihr Herz für den Satz:

Alle Zuwendung, die Sie sich selbst geben,
wird sich in Ihren Lebensumständen widerspiegeln,
gibt Ihnen die Welt zurück!

Das Gesetz der Polarität

Dieses Gesetz lehrt uns mit Gegensätzlichkeiten in der richtigen Art und Weise umzugehen. Es handelt sich ebenfalls um eine »Nebenbestimmung«, die unser Leben schwerer oder viel leichter werden läßt.

Wir sind im Bewußtsein erzogen, daß es Unterschiede gibt. Etwas ist gut oder schlecht, heiß oder kalt, schön oder häßlich, oben oder unten, wir lieben oder hassen, sind jung oder alt, glücklich oder unglücklich, reich oder arm ...
Ich versuche, Ihnen nun klarzumachen, daß alle diese Gegensätze unzutreffend sind. Alle Gegensätze sind ihrem Wesen nach identisch – verschieden ist nur der Grad ihres Ausdrucks.
Sie werden durch das folgende Beispiel sofort verstehen, was ich meine: Treibt ein Mensch in einem reißenden hochwasserführenden Fluß und ertrinkt er beinahe, ist Wasser für ihn »schlecht«! Irrt der gleiche Mensch drei Tage in der Wüste herum und findet er endlich ein Wasserloch zum Trinken, ist Wasser für ihn »gut«! Dabei handelt es sich immer um das gleiche: Wasser.
Brennt Ihr Haus lichterloh, ist Feuer für Sie »schlecht«! Kommen Sie an einem klirrend kalten Wintertag halb erfroren heim und brennt im offenen Kamin ein wärmendes Feuer, ist Feuer für Sie »gut«! Dabei handelt es sich stets um das gleiche: Feuer.
Sind Sie krank, ist das vordergründig »schlecht« für Sie; trotzdem ist es für einen Menschen manchmal »sehr gut« durch Krankheit zum Niederlegen, zum inneren Ruhen und Nachdenken über sein Leben gezwungen zu werden. Er bekommt dadurch Gelegenheit wahrzunehmen, was in seinem Dasein disharmonisch ist, geändert werden soll. Ich habe durch Krankheit den Anstoß zur totalen Lebensveränderung erhalten und bin unendlich dankbar dafür. Drei Wochen Krankenhaus und zwei Jahre Rekonvaleszenz waren der Beginn eines neuen Bewußtseins und einer anderen Einstellung zum Leben, versuchen Sie bitte zu verstehen:

Nichts ist gut oder schlecht –
es ist!

Es sind Tatsachen, menschliche Handlungen, Ereignisse, Worte, Eigenschaften, Dinge, die, wenn Sie diese aufnehmen, für Sie stimmen, also passend und förderlich, damit »gut« sind. Nehmen Sie diese auf, und passen diese gerade nicht für Sie, sind Sie der Meinung: »Das ist schlecht.« So ist es aber nicht:

Nicht die Welt ist zweipolig –
unser Bewußtsein ist es.

Wir schaffen uns ein geistiges Werturteil, das wir der Wirklichkeit auferlegen, so wird etwas für *uns* »gut« oder »schlecht«.

Etwas mag für Sie gut sein,
für den anderen schlecht sein,
für den Weisen ist es gleich-gültig!

Wenn Sie es schaffen, einsichtiger und weiser zu werden, unterlassen Sie in Zukunft Wertungen wie »gut« oder »schlecht«. Versuchen Sie das Stimmige anzunehmen, sich nur für Positives resonanzfähig zu machen. Für den negativen Teil von etwas machen Sie sich nicht resonanzfähig. Dadurch fallen viele belastende Emotionen wie Bösartigkeit, Bitterkeit, Härte, Neid, Kälte, Unrecht, Haß von selbst weg – Sie nehmen nur an, was für Sie förderlich ist!
Zum besseren Verständnis möchte ich Ihnen folgendes Beispiel geben: Ich werde von Zuhörern, Lesern oder Freunden kritisiert. Kommt mir diese Kritik zu Ohren und erkenne ich Wahrheit darin, entscheide ich: »Ja, das ist berechtigt!«, und ich lerne daraus, profitiere davon und bin dankbar dafür.
Erkenne ich: »Unberechtigt!«, beschäftige ich mich nicht weiter damit, denn diese Kritik ist nicht konstruktiv, stimmt nicht. Meine Seele, mein Geist und mein Körper haben weniger Energie- und Schwingungsverlust, weil ich die Be-

urteilung in »gut« oder »schlecht« möglichst unterlasse. Ich erkenne »berechtigt« und tue das Entsprechende oder »unberechtigt« und befasse mich nicht weiter damit, so bleibe ich leichter im seelischen Gleichgewicht und spare mir unnötige negative Emotionen.
Es ist mir bewußt, daß die Anwendung dieses Lebensgesetzes für Sie eine große Umstellung bedeuten mag, doch wenn Sie es berücksichtigen können, halten Sie Ihre hohe Gedankenschwingung und Ihr Energiepotential aufrecht: Sie bleiben in Ihrer Mitte.

Die Gesetzmäßigkeit des Denkens

Beginne ich über diese Gesetzmäßigkeit zu sprechen, ist Heiterkeit die erste Reaktion. Falls Sie beim Lesen dieser Überschrift auch lächeln – lesen Sie weiter: Sie könnten auf ein paar ganz wichtige Erkenntnisse stoßen.
Sie haben gehört und verstanden, angenommen (oder nicht angenommen?), daß unsere Gedanken unser Schicksal verursachen. Jedem Wort, das wir sprechen, geht ein Gedanke voraus – und da die meisten von uns nicht gelernt (oder es verlernt) haben, optimal mit ihrem Denkinstrument umzugehen, verursachen wir mit unseren Gedanken viele Ereignisse, die wir nicht wollen. Da Gedanken Energie sind – und wir wissen, daß Energie nicht verlorengehen kann –, findet dieses Naturgesetz auch bei unserer Gedankenenergie Anwendung.

Unsere Gedankenenergie verpufft nicht einfach
– sondern verursacht etwas!

Vielleicht können Sie das eher akzeptieren, wenn ich Ihnen erkläre, daß aus dieser Erkenntnis das Mentaltrai-

ning entstanden ist. Wir machen uns dabei diese Energie, unsere Gedankenkraft, zunutze. Laden wir unsere Gedanken mit Emotionen auf, geben wir ihnen also viel Kraft dadurch, verwirklicht sich diese Gedankenenergie in der Realität, je nach Intensität, früher oder später.
Leider steht Ihrer Wunschvorstellung meist etwas im Wege: Sie selbst! Sie stehen sich mit der Unfähigkeit im Wege, Ihre Gedanken zu beherrschen und zu fokussieren. Zuerst visualisieren Sie Ihre »Vorstellung«, laden diese brav mit Emotionen auf – und dann zweifeln Sie an der Verwirklichung!

Zweifel ist ebenfalls mentale Energie,
doch in die falsche Richtung!

Wenn ich eine Seite dieses Buches schreibe, sie danach durchlese und sofort daran zweifle, ob das Geschriebene gut und richtig ist, dann werde ich nie ein Buch fertig bringen! Ich müßte das Schreiben lassen, würde ich dauernd grübeln: »Ergibt das einen Sinn? Wollen das die Menschen lesen? Mache ich es so richtig? Darf ich das auf diese Weise schreiben?«
Ich schreibe – und tue das mit großer Begeisterung, Freude, Hingabe und gutem Gewissen. Ich zweifle nicht daran, ob ich soll oder nicht. Ich tue es einfach, gebe mein Bestes, habe Lebenserfahrung und den Wunsch, meine Mitmenschen anzuleiten, sich selbst kennen und sich selbst helfen zu lernen. Natürlich kann ich mich irren, und Sie haben das Recht, etwas oder alles anders zu sehen! Doch ich halte es mit dem Gesetz der Polarität und öffne mich nur dem, was für mich förderlich ist – sei es nun Anerkennung oder konstruktive Kritik.
Hätte ich das früher, während meines Berufslebens, etwas besser gekonnt, hätte ich mir viele unangenehme Stunden erspart – und ich wäre sicher gesund geblieben.

Positives Denken als Gesetzmäßigkeit

Kommen wir zum »positiven Denken«. Positives Denken ist keineswegs der Blick durch die rosarote Schicksalsbrille, hat auch nichts mit nachgeplapperten lebensbejahenden Formulierungen, die Sie überhaupt nicht glauben können, zu tun. Auch wenn sie tausendmal: »Alles ist gut, alles wird besser« oder »Ich bin jung, schön, wohlhabend und glücklich« herunterleiern und dabei in Ihrem Hinterstübchen stets das Horrorband spielt: »Ich bin unglücklich, arm, verlassen, und nichts wird besser und besser«, tut sich gar nichts, außer daß die Zeit vergeht.
Positives Denken ist für mich eine Lebenseinstellung, die mich durch alle Höhen und Tiefen des Lebens trägt, ohne daß ich je Gefahr laufe unterzugehen. Das heißt, ich erkenne, daß alles, was mir widerfährt, was in meinem Leben in Erscheinung tritt, mir helfen will, mich weiterzuentwickeln – auch wenn das oft unangenehm und sehr schmerzlich ist.
Selbstverständlich sind positive Affirmationen – die ich glauben und annehmen kann, die ich mit aufbauenden inneren Bildern assoziiere, mit aufrichtigen Emotionen unterlege – eine Kraft, die sehr hilft, zu einem erfüllten Leben zu kommen.
»Denke positiv!« ist zu einem geflügelten Wort geworden, das nicht immer und überall angebracht ist. Es einem schwer erkrankten Menschen zu sagen, ist taktlos und unsinnig. Diesem Menschen liebevoll nahezubringen, daß jede schwere Krankheit nicht von einem Tag auf den anderen entsteht, sondern das Ergebnis falschen Denkens über Jahre hinweg ist, wäre sicher ein wertvoller Beitrag zu seiner Genesung. Diesem Kranken sollten wir erklären, daß er wohl die Signale seiner Seele und die Botschaften seines Körpers mißachtet hat, die sich zuerst als Disharmonie, dann als kleines Wehwehchen, als ernsthafte kör-

perliche Störung und schlußendlich als schwere Krankheit manifestiert haben. Wir sollten ihm helfen, zu hinterfragen, was er bis zum Ausbruch der Krankheit falsch gemacht hat, wofür er resonanzfähig war, was an seinen Lebensumständen unstimmig für ihn war – und daraus sollte er zu einer besseren Geisteshaltung finden. Positives Denken ist eine neue Einstellung zu mir selbst und meinen Lebensumständen, das durch aufrichtige, gläubige Bejahungen große Unterstützung findet. (Mit gläubig meine ich nicht Glauben im Sinne von Religion, sondern tiefes inneres Wissen, daß ich gesund werde, die Medizin meinem Körper bei der Heilung hilft, ich mein berufliches Ziel erreichen werde, den richtigen Partner finde und so weiter!)
Positives Denken heißt auch, auf das Richtige, das wirklich erstrebenswert ist, das Bewußtsein zu lenken; es bedeutet weiter, genau zu überlegen, wie ich meine Handlungen zu tätigen habe – und zu guter Letzt bedeutet es auch, daß ich die Freiheit habe, gegen die geistigen Gesetze zu verstoßen – das ändert jedoch nichts daran, daß Sie wirken.

Der Kluge lernt aus seinen Fehlern,
der Weise lernt aus den Fehlern der anderen,
und der Narr
lernt weder aus dem einen noch aus dem anderen.

Es gibt noch viele andere geistige Gesetzmäßigkeiten, doch es würde zu weit führen, auf sie alle einzugehen. Ich habe mich intensiv mit jenen befaßt, die für unser Leben unmittelbar wichtig sind – und es sehr schnell und nachhaltig beeinflussen. Machen Sie sich mit den hier besprochenen vertraut, und gehen Sie damit richtig um, dann haben Sie sehr viele neue Möglichkeiten, Ihre Lebensqualität ganz entscheidend zu verbessern.

Das Gesetz von Ursache und Wirkung

Da es so oft angesprochen wird, möchte ich diesem Gesetz nicht ausweichen. Ich halte es für das spirituellste Gesetz, und ich kann Ihnen nur meine eigene Auffassung wiedergeben; ich maße mir nicht an, es richtig zu interpretieren. Alles Geschehen dieser Welt gehorcht dem Prinzip von Ursache und Wirkung. Es gibt keinen Zufall, sondern nur Ursachen, die wir setzen, die uns möglicherweise nicht bewußt sind – und die trotzdem irgendwann Wirkung erzeugen.

»Von Nichts kommt Nichts« lautet ein Sprichwort – und so ist dieses Gesetz die reinste Erscheinungsform einer Gesetzmäßigkeit. Ich könnte auch sagen: »Tust du nichts Böses, schaffst du nichts Böses!« Oder wie es Friedrich von Schiller so treffend sagt:

»Das eben ist der Fluch der bösen Tat,
daß sie fortzeugend immer Böses muß gebären.«

»Die Piccolomini«

Es beeindruckt mich immer wieder, welch weise, große Geister unsere berühmten Dichter waren. Was haben sie alles erkannt, in Verse gefaßt und in Handlungen verpackt an uns weitergegeben – ohne sich Esoteriker zu nennen! Ich meine, daß wir eben zu jeder Zeit Herr unseres Schicksals sind. Wir bestimmen! Das Gesetz schreibt uns nichts vor, es sagt nur:

Wenn du das tust – geschieht dieses!
Wenn du jenes tust – geschieht jenes!

Wir sind Schöpfer unseres Schicksals – wir können gar nicht »Nicht-Schöpfer« sein! Bitte bedenken Sie diesen Satz, um die Wahrheit darin zu erkennen.

Unsere Realität ist die Folge
der Summe unserer Entscheidungen.

Ich mag nicht, wenn jemand sagt: »Das ist halt mein Schicksal« und die Flügel hängen läßt. Ich sehe darin eine Weigerung, Verantwortung für seine Lebensumstände zu übernehmen, und sehe eine Aufforderung darin, bewußter zu denken und zu handeln. Meine ganz feste Überzeugung ist, daß es keinen strafenden Gott und kein Jüngstes Gericht gibt, bei dem abgerechnet wird. Ich glaube an einen liebenden Schöpfer, der uns vollkommene Freiheit läßt, natürlich mit dem Ergebnis, daß wir ernten, was wir säen. Wir können also entscheiden, mit den geistigen Gesetzen so umzugehen, daß sie uns helfen, das Leben zu meistern, und uns Erfüllung und Glück bringen – oder gegen sie zu leben und die Folgen zu tragen.
In der Welt des Geistes ist es wie in der realen Welt: Wir brauchen Gesetze nicht zu kennen, wir brauchen auch nicht an sie zu glauben, wir brauchen sie nicht zu verstehen – trotzdem sind sie Wirklichkeit und wirken!

6. Kapitel

Im 6. Kapitel lesen Sie:

- Die mentale Übung: »Energie aus der Erde« gibt wieder Kraft
- Eine meditative Übung für innere Ruhe
- Entspannung als »Blatt im Wind« finden
- Vertiefung der Atmung – und wunderbare Beruhigung
- Die »Blütenblatt-Meditation« bringt Ihnen mehr als Entspannung

Übungen und Meditationstechniken für mehr Energie und innere Harmonie

An dieser Stelle des Buches möchte ich Ihnen von Übungen berichten, mit denen ich gute Erfahrungen gemacht habe und die ich Ihnen empfehlen kann. Alle haben den Sinn, Ihnen entweder mehr Energie zu geben oder Ihre innere Ruhe, Ausgeglichenheit und Ihr Wohlbefinden zu fördern. Sie stellen dadurch nicht nur die Balance zwischen Körper, Geist und Seele her, sondern helfen damit auch Ihren Organen, sich zu regenerieren.

Energie aus der Erde

Wenn Sie gelenkig genug sind, setzen Sie sich so auf den Boden oder einen niedrigen Hocker, daß sich Ihre Fußsohlen berühren. Selbstverständlich können Sie auch ganz normal auf einem Sessel Platz nehmen. Ihre Hände liegen mit dem Handrücken auf den Oberschenkeln, Zeigefinger-, Mittelfinger- und Daumenkuppe halten Sie zusammen.
Sie haben einen wichtigen »Energie-Speicherpunkt« in Ihrem Körper. Er liegt etwa drei Fingerbreit unterhalb des Nabels, drei Fingerbreit tief im Bauchraum. Ausgehend von der Wirbelsäule führt ein feiner Kanal bis zu diesem Punkt.

Stellen Sie sich nun vor, daß sich Ihre Wirbelsäule nach unten verlängert und bis zum Erdmittelpunkt reicht. Visualisieren Sie das glühende Erdinnere: die orangefarbene Lava. Stellen Sie sich weiter vor, daß das Ende Ihrer Wirbelsäule eine trichterförmige Öffnung hat, mit der Sie orangefarbene Kraft und Energie aus dem Erdmittelpunkt ziehen können.

Die nächste Vorstellung ist, daß sich Ihre Wirbelsäule auch nach oben hin, etwa 20 bis 30 Zentimeter über den Kopf hinaus, verlängert und sich dort ebenfalls trichterförmig öffnet. Bevor Sie mit der eigentlichen Übung beginnen, legen Sie Ihre Hand auf den Energiepunkt im Bauch und machen Sie sich diese Stelle bewußt. Durch häufiges Üben bekommen Sie bald ein intensives Gefühl dafür, wo dieser Punkt liegt.

Beginnen Sie nun zu atmen. Lenken Sie beim Einatmen Ihre Aufmerksamkeit zuerst auf den orangefarbenen Erdmittelpunkt, und ziehen Sie mit dem tiefen Einatmen die glühende Kraft der flüssigen Lava durch Ihre verlängerte Wirbelsäule – bis zur Höhe des Energiepunktes im Bauch, stellen Sie sich vor, daß diese ungeheure, orangefarbene Kraft in Ihren Energiepunkt fließt.

Stellen Sie sich den Energiepunkt wie eine kleine Sonne vor, die durch den Strom der zufließenden Energie immer größer wird. Denn mit jedem Atemzug bringen Sie weitere Kraft in Ihren Energiepunkt ...

Nachdem Sie so beim Einatmen die Kraft aus dem Erdmittelpunkt in Ihren Energiepunkt gebracht haben, halten Sie diese Energie in Ihrer »inneren Sonne« fest – mit dem kurzen Anhalten Ihres Atems. Beim Ausatmen lassen Sie diese glühend orange Sonne in Ihrem Bauch explodieren. Ihre Strahlen breiten sich in Ihrem ganzen Körper aus und erfüllen alle Ihre Organe mit Kraft, Energie und Vitalität. Mit dem nächsten Atemzug ziehen Sie die gleiche orangefarbene Erdenergie wieder durch die Wirbelsäule hoch, doch diesmal lassen Sie diese höher, bis zur trichterförmigen Öffnung über Ihrem Kopf, steigen. Während Sie wieder den Atem kurz anhalten, bildet sich aus dieser Energie ebenfalls eine kleine Sonne – diesmal über Ihrem Kopf. Beim Ausatmen platzt nun der kleine Sonnenball, und ein wahrer orangefarbener Energie-Regen geht auf Sie nieder. Sie ziehen also mit dem einen Atemzug die Energie in den Kraftpunkt im Bauch, lassen die kleine Sonne in sich explodieren – und laden damit Ihre Körperorgane mit Energie auf. Mit dem nächsten Atemzug ziehen Sie die Energie bis über Ihren Kopf, und dort bildet sich auch ein kleiner Sonnenball. Beim Ausatmen explodiert dieser Kraftpunkt, und Sie spüren einen Energie-Regen, der Ihr Energie- oder Magnetfeld (Ihre Aura) auflädt.

Machen Sie öfter diese Energie-Übung, und Sie werden den Kraftpunkt im Bauch spüren lernen und die Explosion tatsächlich als Wärme oder Hitze empfinden. Den Energie-Regen spüren Sie wie eine warme Dusche.

Sobald Sie mit der Energie-Übung fertig sind, reduzieren Sie Ihre Wirbelsäule wieder auf das normale Maß. Sie atmen ein paarmal tief durch, recken und strecken sich, und Sie werden sich danach bestimmt sehr fit fühlen. Wenn Sie diese Übung täglich machen, haben Sie bald mehr Energie und werden viel vitaler sein. Sie hilft auch sehr gut bei Rückenbeschwerden, weil sie die Muskulatur entspannt, vor allem, wenn Sie gut visualisieren, wie die orangefarbene Energie Ihre Wirbelsäule hochsteigt.

Sind Ihre Rückenmuskeln sehr verspannt, dann machen Sie die Übung anders: Ziehen Sie die Erdenergie durch Ihre Wirbelsäule immer nur zum Kopfende hoch, und lassen Sie nur dort einen Sonnenball entstehen. Nach der Explosion verteilt sich die Strahlung in Ihrem ganzen Rücken als orangefarbene Wärme oder Hitze.

Machen Sie die Übung pro Tag drei bis fünf Minuten oder/und immer dann, wenn Sie sich energielos fühlen.

Sie trägt viel zu Ihrer Gesundheit bei, denn sie aktiviert auch Ihren Stoffwechsel. Falls Sie abnehmen wollen, regt diese Übung zum Beispiel Ihren Körper zur schnelleren und aktiveren Fettverbrennung an. Machen Sie die Übung nie abends – es sei denn, Sie brauchen nächtliche Energie –, Sie können sonst nicht oder schlechter einschlafen. Gut visualisiert ist sie eine Energiebombe!

Meditative Übungen für innere Ruhe

Haben Sie genug Energie, fehlt Ihnen oft innere Ruhe. Die folgende Übung hilft unruhigen Menschen, ihre Gedanken still werden zu lassen, harmonisiert die endokrinen Drüsen (das sind die nach innen arbeitenden Drüsen, die verschiedene Körperzonen so versorgen, daß wir uns gesund fühlen) und bringt allgemeines Wohlbefinden für Körper, Geist und Seele.
Zuerst eine einfache und schöne Übung, um sich zu entspannen und die Seele baumeln zu lassen. Sie ist wirklich wunderbar, wenn Sie dazu Musik (am besten »zum Träumen«) hören. Sie können sich meine Texte anfangs auf Band sprechen und über Kopfhörer anhören. Haben Sie die folgenden Texte ein paarmal in Ruhe durchgelesen und dazu die erforderlichen Bilder visualisiert, wissen Sie ganz sicher, worum es geht – Sie brauchen keinen Text: Sie genießen die Übung mit Hilfe Ihrer inneren Bilder.
Ich schreibe alle meine Meditationstexte ganz bewußt so, daß meine Leser oder Zuhörer nicht auf Texte angewiesen und fixiert sind. Indem Sie sich durch innere Bilder in der Meditation selbst führen, bekommen Sie auch ein immer besseres inneres Vorstellungsvermögen; etwas, das sehr gut und wichtig ist! Nicht nur, daß Sie für das Mentaltraining optimale Voraussetzungen schaffen, Sie regen auch

Ihre rechte »stumme« Gehirnhälfte an und werden kreativer und intuitiver!
Sie haben außerdem die Möglichkeit, ganz nach Zeit und Bedürfnis das Tempo und die Länge Ihrer Meditation zu bestimmen. Ich habe auch hier den Wunsch, daß Sie selbst Ihr bester Lehrer werden. Mein Ziel ist, Ihnen zu zeigen: Machen Sie sich nie von etwas oder jemandem abhängig!

Ruhe als »Blatt im Wind« finden

Schließen Sie Ihre Augen und gestatten Sie Ihrem Geist, die Umwelt vollkommen loszulassen, und Ihrem Körper, sich wohlig zu entspannen.
Dazu atmen Sie durch die Nase langsam und tief ein, als ob Sie an einer Blume riechen würden, und durch den Mund oder die Nase (wie es Ihnen angenehmer ist) langsam wieder aus. Machen Sie sich bewußt, daß es von jetzt an nichts zu wollen oder zu müssen gibt. Es besteht auch kein Grund, sich auf etwas zu konzentrieren – lassen Sie einfach geschehen, was geschieht. Geht Ihr Atem ganz ruhig und wie von selbst, stellen Sie sich vor, daß Sie in der Krone eines wunderschönen, grünen Baumes sitzen. Ein dicker, starker Ast ist Ihr bequemer Sitz. Sie fühlen einen zarten Wind, der Ihren Baum sanft bewegt. Lassen Sie sich im Rhythmus des Windes schaukeln – so lange, bis Sie sich als Teil des Baumes fühlen.

Sie werden zu einem »Blatt im Wind«.

Spüren Sie, wie Sie der Wind bewegt und ganz sanft von Ihrem Ast löst. Als »Blatt im Wind« schaukeln Sie nun in der Luft hin und her – und gleiten dabei immer tiefer und tiefer in ein Gefühl der Stille und Geborgenheit.

Und während Sie immer tiefer und tiefer gleiten, tauchen Sie in eine rote Wolke ein, fühlen, wie diese Sie einhüllt, trägt, geborgen hält – und atmen dabei die Farbe *Rot* tief ein. Tun Sie das, so lange Sie wollen.

Und gleiten tiefer und tauchen in eine orangefarbene Wolke ein, fühlen, wie diese Sie einhüllt, trägt, geborgen hält – und atmen dabei die Farbe *Orange* tief ein. Tun Sie das wieder, so lange Sie wollen.

Und gleiten tiefer und tauchen in eine gelbe Wolke ein, fühlen, wie diese Sie einhüllt, trägt, geborgen hält – und atmen die Farbe *Gelb* tief ein. Tun Sie das, so lange Sie wollen.

Und gleiten tiefer und tauchen in eine hellgrüne Wolke ein, fühlen, wie diese sie einhüllt, trägt, geborgen hält – und atmen die Farbe *Hellgrün* tief ein. Tun Sie das, so lange Sie wollen.

Und gleiten tiefer und tauchen in eine himmelblaue Wolke ein, fühlen, wie diese Sie einhüllt, trägt, geborgen hält – und atmen die Farbe *Himmelblau* tief ein. Tun Sie das, so lange Sie wollen.

Und gleiten tiefer und tauchen in eine dunkelblaue Wolke ein, fühlen, wie diese sie einhüllt, trägt, geborgen hält– und atmen die Farbe *Dunkelblau* tief ein. Tun Sie das, so lange Sie wollen.

Und gleiten tiefer und tauchen in eine violette Wolke ein, fühlen, wie diese Sie einhüllt, trägt, geborgen hält – und atmen die Farbe *Violett* tief ein. Tun Sie das, so lange Sie wollen.

Dann öffnet sich die letzte Wolke und gibt den Blick auf eine wunderschöne Meeresbucht, schimmernd im Morgenlicht, frei: Ihr Körper löst sich aus dem Blatt. Sie sind wieder Sie selbst, gehen auf einen großen Stein zu, der aus dem Boden ragt. Er ist wie ein Sessel geformt und vom Sonnenlicht erwärmt. Er lädt zum Ruhen ein ...

Sie erleben das Feuer der aufgehenden Sonne, dort wo

Himmel und Wasser ineinanderzufließen scheinen, fühlen den weichen, warmen Sand unter Ihren Füßen, sehen wie der Wind sanft die Wellen formt und nehmen die glitzernde Schönheit des Wassers wahr. Erlauben Sie Ihrer Seele nun, zu träumen, so lange sie will ...

Lassen Sie sich vom Rhythmus Ihres Atems bewegen, spüren Sie den Hauch des Windes und die liebkosenden Strahlen der Sonne, und spüren Sie, wie ruhig und harmonisch Ihr Herz schlägt. Vielleicht erfahren Sie auch die Einheit Ihres Geistes mit der ganzen Schöpfung und fühlen die Liebe und Verbundenheit zu Ihrer Umwelt und zu sich selbst.

Bleiben Sie so lange, wie Sie möchten, in diesem entspannten Zustand. Er ist Labsal für Ihre Seele, für Ihren Geist und für Ihren Körper. Sie trennen sich während dieser Zeit der inneren Ruhe von der Hektik des Alltags und von aufwühlenden Gedanken – Sie machen Urlaub vom Alltag. Sie geben nicht nur Ihrer Seele die ersehnten Streicheleinheiten, sondern tun auch Ihrem Körper sehr viel Gutes.

Erst wenn es Ihnen angenehm ist, atmen Sie einige Male tief durch, bewegen zuerst Ihre Beine, dann die Arme, richten Ihren Körper auf, öffnen langsam Ihre Augen – und kommen mit einem Lächeln zurück! Noch während Sie lächeln, klopfen Sie einige Male auf ihre Thymusdrüse und stimulieren dadurch Ihr Immunsystem, dann reiben Sie kurz, aber kräftig Ihre Ohren und aktivieren damit Ihren Körper – und jetzt sind Sie wach und fühlen sich bestimmt viel besser als vorher. (Zur Erinnerung: Die Thymusdrüse stimulieren Sie, indem Sie auf Ihr Brustbein, etwas über der Brust, leicht mit den Fingerspitzen trommeln.)

Wenn Sie diese Meditation vor dem Einschlafen machen, unterlassen Sie das Reiben der Ohren – es macht Sie wieder munter!

Sollte es Leser geben, die eine Abneigung gegen das Meer haben, können Sie gern einen See besuchen. Mögen Sie Wasser überhaupt nicht, weil Sie vielleicht eine belastende Erinnerung damit verbinden, versetzen Sie sich auf eine sonnige Waldlichtung oder eine blühende Wiese. Sie haben die freie Wahl, solange Sie einen lichten, sonnendurchfluteten Ort wählen.

Meditative Entspannungsübung zur Vertiefung der Atmung

Ähnlich einer Zen-Meditation ist die Übung der *»Hong-Soh-Atmung«*, bei der Sie nichts tun, als auf Ihren Atem zu achten, das heißt, den Fluß Ihres Atems zu beobachten.
Sie atmen dazu wieder durch die Nase ein, als ob Sie an einer Blume riechen würden, und während Sie einatmen, hören Sie innerlich den Laut *Hong*... beim Ausatmen durch den leicht geöffneten Mund hören Sie *Soh*... (sprich: *Schoooooh*). Dehnen Sie nun diese Laute aus, so lange Ihnen das möglich ist – sowohl während des Einatmens als auch während des Ausatmens.
Hong-Soh hat angeblich auch als Mantra eine Bedeutung; es soll die Erleuchtung und Erkenntnis fördern. Ich würde sagen, es ist der Fixpunkt, an dem Sie sich anhalten, damit Ihre Gedanken zur Ruhe kommen. Ein sehr wichtiger Nebeneffekt ist, daß die zwei Laute *Hong-Soh* (Lautschrift: *Hoooong-Schooooh*), innerlich langsam gehört oder während des Atmens gesummt, Sie veranlassen, tiefer zu atmen. Besonders wenn Sie ein Flachatmer sind, kommen Sie automatisch zu einer besseren Atmung, und das tut wiederum Ihren Zellen und Ihrem Gehirn sehr gut.
Machen Sie diese einfache Übung so lange, bis Sie sich vollkommen entspannt und beruhigt fühlen. Zum Ab-

schluß, wie immer, Ohren reiben (falls Sie nachher munter sein wollen) und die Thymusdrüse stimulieren.

Blütenblatt-Meditation

Ich möchte Sie mit meiner Lieblings-Meditationstechnik bekannt machen, die ich allen sehr nervösen Menschen, wie ich einer war, als hervorragende Entspannungshilfe empfehle. Die Technik kommt aus dem Qi Gong und wurde von mir so lange verändert, bis sie für mich »gestimmt« hat; sie ist eine fortgeschrittene Technik und öffnet Sie für sehr schöne Empfindungen intuitiver Art. Vordergründig ist sie gegen innere Unruhe und Getriebenheit und fördert das Einschlafen. Bei Schlafstörungen machen Sie die Übung abends im Bett.
Visualisieren Sie, daß Sie einen Weg entlanggehen. Vor Ihnen liegt eine wunderschöne, sonnenbeschienene Sommerwiese. Mitten auf dieser Wiese steht ein blühender Apfelbaum (oder Ihr Lieblingsbaum). Sie gehen auf diesen Baum zu und setzen sich. Ihren Rücken lehnen Sie gegen den Stamm (wenn Sie bei dieser Meditation sitzen), oder Sie legen sich unter diesen Baum (wenn Sie dabei im Bett liegen). Halten Sie Ihr Gesicht der Sonne entgegen und fühlen Sie, wie die Strahlen der Sonne Sie mitten auf der Stirn treffen. Zählen Sie ganz langsam von neun bis eins, und bleiben Sie mit Ihrer Aufmerksamkeit bei den warmen Sonnenstrahlen, die Sie auf Ihrer Stirnmitte fühlen. Sie produzieren dadurch Alpha-Wellen und sind jetzt schon in einem viel gelösteren Zustand. Während Sie einatmen sehen Sie, wie sich in der Krone des Apfelbaumes ein Blütenblatt löst und langsam auf Sie niedersinkt, um dann vor Ihrem Mund zu schweben. Sie atmen aus und blasen mit dem tiefen, innerlich gehörten oder leise geseufzten Laut *»Uuuu-*

uh« das Blatt von sich weg. Sie schauen dem Blatt dabei nach, bis es aus Ihrem Blickfeld verschwindet... Das nächste Blatt löst sich, während Sie wieder einatmen. Es schwebt nieder bis zu ihrem Mund – und mit *»Uuuuuh«* blasen Sie es wieder sanft weg... Blasen Sie so lange Blätter weg, bis Sie entweder einschlafen oder eine sehr tiefe Entspannung fühlen.

Wenn Sie diese Übung richtig machen, bekommen Sie ein Gefühl der Körperlosigkeit. Ich erreiche nach einiger Zeit das Empfinden, als würde mein Kopf eins mit der Krone des Baumes. Bei jedem Einatmen fließt Licht, Wärme, Geborgenheit und Stille in mich...

Möchten Sie sich kreativen und intuitiven Energien öffnen, gehen Sie gleitend dazu über, die Baumkrone als Scheitelchakra zu empfinden. Kommen Sie in einen sehr tiefen meditativen Bewußtseinszustand, dann können Sie sich gleichzeitig als Körper und als Energiefeld wahrnehmen. Sie spüren, vielleicht zum ersten Mal, daß Sie viel mehr sind als allein ein menschlicher Körper mit Verstand und Wille.

Ich wünsche Ihnen, daß Sie diese Erfahrung auch machen. Sie wird Sie tief berühren und mit Ihrer Seele in Verbindung bringen. Erwarten und fordern Sie aber nichts – geben Sie sich geduldig Zeit!

7. Kapitel

Im 7. Kapitel lesen Sie:

- Die vier Säulen unseres Daseins
- Das Gesundheitsbewußtsein – Grundlage des Lebens
- Wir haben starke Selbstheilungskräfte
- Unser Bordcomputer braucht das richtige Programm!
- Gesunde Vorstellungen helfen Ihnen
- Die Anleitung, wo die richtigen Tasten sind
- Der »Körperdialog«, Ihr Gespräch mit dem inneren Arzt
- Kommunikation bringt wahre Wunder

Die vier Säulen unseres Daseins

Ein stabiles Haus ruht auf einem soliden Fundament. Da kann schon hier und da der Sturm wüten und die Erde beben – dieses Haus hält das aus.

Wie und worauf ist Ihr Lebenshaus gebaut? Solide? Steht es gerade und aufrecht, oder hat es Schlagseite wie der schiefe Turm von Pisa? Ruht es auf festen oder wackeligen Fundamenten? Auf einem stabilen Grund?

In diesem Kapitel des Buches möchte ich mit Ihnen die vier soliden tragfähigen Säulen Ihres Seins aufbauen, die so stark sind, daß Sie wirklich allem, was Sie vom Leben angeboten bekommen, ohne Angst begegnen können. Das Ziel ist, damit nicht nur fertig zu werden, sondern zu beginnen, sich mutig dem Leben zu öffnen.

Es ist nicht leicht in Worte zu fassen, was Sein bedeutet. Denn alles, was für den Menschen da ist und anscheinend in seinem Leben vorgeht, ist immer nur in seinem Bewußtsein da.

Also ist die Beschaffenheit unseres Bewußtseins
das Wesentliche an unserem Sein!

Darum helfe ich Ihnen, vier Bewußtseinszustände zu erschaffen, die Sie durch alle Lebensstürme tragen und die in Ihnen die Freude am Da-Sein wecken werden. Haben Sie ein gut entwickeltes

Gesundheitsbewußtsein
Wohlstandsbewußtsein
Erfolgsbewußtsein
Selbstbewußtsein

dann sind Sie ein Mensch, dessen Persönlichkeit und Wesen genau so ist, wie ein Schöpfer es plant – und daraus entsteht ein Leben, das Sie jeden Tag willkommen heißen werden. Wenn Sie wissen: »Ich kann mich auf mich selbst, egal was das Leben bringt, verlassen«, stehen Sie voll im Leben, sind im Hier und Jetzt zu Hause, leben weder in der Vergangenheit noch in der Zukunft, sondern in der Gegenwart und in Ihrer Mitte – und wissen, was das bedeutet!

Vielleicht kennen Sie meine Lebensumstände aus meinem ersten Buch. Ich war, obwohl eine Musterschülerin, kein selbstbewußter junger Mensch. Und ich glaube auch, es gibt nicht sehr viele Jugendliche, die ein wirklich »gesundes Selbstbewußtsein« haben. Natürlich trägt unsere Erziehung viel dazu bei, daß wir unser kindlich-gesundes Selbstbewußtsein verlieren. Uns braucht nur oft genug gesagt zu werden, daß wir zu dumm, zu unfähig, zu faul, zu dick, zu dünn, zu groß oder zu klein, zu ungezogen, zu laut, zu oberflächlich und so weiter sind – und allmählich rinnt unser Selbstbewußtsein den Bach hinunter. Wir werden »brav und einsichtig« – doch wir sind nicht mehr »wir selbst«: wir sind erzogen!

Es ist keine große Kunst, einen Egoisten, der glaubt, die ganze Welt habe sich um ihn zu drehen, von einer stabilen, selbstbewußten Persönlichkeit zu unterscheiden. Ein selbstbewußter Mensch lebt nicht im Himmel und in Saus und Braus, sondern in perfekter Harmonie mit sich selbst.

Ich möchte von meiner eigenen Erfahrung ausgehen: Schon in jungen Jahren hatte ich etwas, das mir in meinem späteren Leben sehr half: Wohlstandsbewußtsein. Woher es kam, weiß ich nicht, denn ich wuchs in bescheidenen Verhältnissen auf, zuerst war Krieg, danach kam die russische Besatzungsmacht, und das trug nicht zum Wohlstand der Menschen in den besetzten Gebieten bei. Als ich meine Ausbildung beendet hatte, wurde ich Buchhalterin. Mein Gehalt war alles andere als üppig, ich lebte in einer kleinen Wohnung in Wien und verdiente gerade so viel, daß ich meine laufenden Kosten bestreiten konnte – Sparen war nicht möglich. Trotzdem kam mir nie in den Sinn, zu grübeln, ob ich mich einmal in angenehmeren Lebensumständen bewegen würde oder nicht. Es war unnötig für mich, mir Sorgen darüber zu machen – ich wußte: »Ich bekomme meinen Wohlstand!« Zwar hatte ich sehr oft am Ende des Monats »zu wenig Geld für zu viele Tage«, doch das bekümmerte mich nicht. Das innere Wissen war da: »Es dauert noch ein wenig, die Umstände sind noch nicht ideal, doch zum richtigen Zeitpunkt wird sich dein Leben, so wie du es dir wünschst, verändern.«

Ich glaube, das war eine meiner Gottesgaben, deren unschätzbaren Wert ich erst viel später erkannte.

In der Rückblende bin ich heute unendlich dankbar, daß es diesen »unverrückbaren Glauben an meinen bevorstehenden Wohlstand« stets gab, denn als ich krank wurde, sehr eingeschränkt in meiner Bewegung war, kam mir dieses Wohlstandsbewußtsein sehr zustatten. Eines Tages wurde mir klar, daß ich in der Lage war, daraus mein Gesundheitsbewußtsein abzuleiten. Ich stellte mir die Frage: »Was dachtest und denkst du über deine Lebensumstände, die nach und nach tatsächlich so wurden, wie du es erwartet hast?« Im gleichen Moment, als ich *erwartet hast* aussprach, fiel der Groschen. Ich wußte, was ich für meine Gesundheit zu tun hatte.

Das Gesundheitsbewußtsein

Ich lade Sie nun ein, mit mir dieses lebenspendende Bewußtsein zu entwickeln, das Ihnen hilft entweder wieder gesund oder gesünder als jetzt zu werden und es dann zu bleiben; sich wieder stark und wohl zu fühlen und ein gutes, dankbares Verhältnis zu Ihrem Körper aufzubauen. Gehören Sie zu den älteren Semestern, vergessen Sie gescheite Sprüche wie: »Wenn man älter wird, dann kommt halt so einiges!«

Ich möchte Ihnen dazu die Geschichte einer Dame erzählen, die zum Arzt kommt und sagt: »Ach, Herr Doktor, wenn ich morgens das erste Bein auf den Boden setze, bekomme ich sofort einen Krampf in den Waden. Meine Füße tragen mich kaum, die Knie kann ich nicht beugen, und die Oberschenkel brennen. Mache ich den ersten Schritt, beginnen die Blähungen im Unterbauch, und ich spüre, wie sich mein Magen zusammenkrampft. Meine Leber tut weh, weil ich wahrscheinlich Gallensteine habe, und aus lauter Sorge beginnt mein Herz zu rasen. Der Druck in der Brust schnürt mir den Hals zusammen, so daß ich kaum Luft holen kann. Ich bringe die Arme zum Anziehen nicht hoch, und im Kopf erfaßt mich ein arger Schwindel. Die Augen brennen, und jedes Haar tut mir weh! Was meinen Sie, Herr Doktor, fehlt mir?« Der Arzt seufzt und antwortet: »Ich denke Ihnen fehlt nichts, gnädige Frau, Sie haben alles, was es gibt!«

Daß Sie auf diese Weise kein Gesundheitsbewußtsein aufbauen, ist Ihnen wohl klar. Meinen Sie, die Geschichte ist amüsant, doch unglaubhaft? Vielleicht ein wenig übertrieben, ja – doch gehen Sie ins Wartezimmer eines Arztes, und hören Sie zu, worüber in den Gängen eines Krankenhauses gesprochen wird! Mit diesen Gesprächen erstickt man jeden positiven, noch so kleinen Gedanken im Keim! Da übertrumpfen einander die Leute damit, wie langwie-

rig, selten und arg ihre Krankheit ist, und wie viele Medikamente sie bekommen. Wehe dem Arzt, der sagt: »Ihnen fehlt nichts, außer dem Willen gesund zu werden!«
Sterben müssen wir alle, doch vorher jahrelang dahinsiechen, das sollten wir nicht. Je nachdem, wie stark Ihre Erwartung und Ihr Glaube ist, wieder gesund zu werden und gesund zu bleiben, desto schneller wird Ihre Gesundheit wieder zurückkehren und desto wohler werden Sie sich fühlen. Ich hatte im Herbst 1995, nach acht Jahren, zum ersten Mal wieder eine Erkältung. Doch ich hatte in diesem Sommer zu viel Hektik und zu wenig Ruhe. Das war mein Fehler, und ich habe sofort meine Lektion bekommen. Genau zum richtigen Zeitpunkt hat mir »Professor Leben« auf die Finger geklopft. Selbst mit einem ausgebildeten Gesundheitsbewußtsein sind Sie – wenn Sie eine Disharmonie in Ihrem Leben dulden – nicht gegen jedes Zipperlein gefeit. Ich möchte Ihnen damit sagen: Sie werden immer wieder eine »Botschaft Ihres Körpers« bekommen, und das ist gut so. Doch wenn Sie verstehen, einsichtig sind, die seelische Ursache erkennen und beseitigen, mit Ihrem Körper liebevoll und sorgsam umgehen, ist ein stabiles Gesundheitsbewußtsein die größte Hilfe für Sie und für Ihren Arzt.

Unsere Selbstheilungskräfte

Zum Gesundheitsbewußtsein gehört das Wissen, daß wir sehr starke Selbstheilungskräfte besitzen, die nur darauf warten, aktiviert zu werden. Sie sind eine der vielen Gaben des Lebens und werden, Gott sei Dank, heute nicht mehr als Aberglaube, Humbug oder esoterischer Unsinn abgetan. Dieses uns angeborene Selbstheilungsprogramm steht direkt mit unserem Immunsystem in Verbindung und dient uns zur Abwehr von Krankheiten. Haben Sie noch nie jemand sagen hören: »Der grämt sich noch zu Tode!« oder: »Den bringt sein Kummer um!«? Auch Ärzte sagen: »Trägt der Patient nichts bei, können wir alle unsere Bemühungen vergessen! Was sollen wir tun, wenn sich ein Mensch aufgibt?«

Aus diesen Worten erkennen Sie, daß die innere Einstellung und die Erwartungshaltung eines Menschen weitgehend über seine Heilung bestimmen – und daß sich Gesundheit (so wie jeder Lebensumstand) nicht von außen nach innen, sondern von innen nach außen entwickelt. Ich zitiere Friedrich Schiller, denn in einem einzigen Satz gibt uns der geniale Dichter das Rezept für ein perfektes Gesundheitsbewußtsein:

»Es ist der Geist, der sich den Körper baut!«

Das heißt, Sie können sich »krankdenken« und »gesunddenken«. Es kostet Sie die gleiche Energie – das Ergebnis ist jedoch sehr verschieden. Damit bin ich wieder beim Wort Energie, denn jedes Organ und jede Zelle unseres Körpers schreit nach diesem Treibstoff. Ist unser Energiehaushalt nicht in Ordnung, sind wir leer und antriebslos wie eine alte Batterie, wir werden anfällig für Krankheiten. Wodurch Sie energielos werden, darüber habe ich mich in vorangehenden Kapiteln des Buches genug ausgelassen: falsche Gedanken, Ängste, unstimmige Lebensumstände, Ärger, Streß und so weiter. Wie oft haben Sie schon gesagt oder gedacht: »Wenn ich wieder mehr Energie habe, beginne ich mit gezielter Gymnastik!«, oder Sie jammern: »Heute fehlt mir jede Energie« und legen sich ins Bett. Dabei sind Sie nicht krank! Was Ihnen fehlt, ist Vertrauen in Ihre Selbstheilungskraft und die Umstellung auf ein energiereiches Leben.

Wie Sie Ihr Leben einrichten, damit Sie mehr Energie be-

kommen und das vermeiden, was Ihnen Energie raubt, haben Sie hoffentlich den vorhergehenden Kapiteln schon entnommen. Ich möchte den Inhalt meines ersten Buches nicht wiederkäuen, doch es kann nicht schaden, wenn ich Ihnen in Erinnerung rufe: Jede Krankheit hat auch seelische Ursachen. Sind Sie krank, schauen Sie sich Ihre derzeitige Lebensweise an, und machen Sie sich über Ihre emotionale Verfassung ein klares Bild. Der beste Arzt kann Ihnen nicht helfen, wenn Sie nicht davon wegkommen, »alles in sich hineinzufressen, das Sie dann nicht verdauen können und Ihnen schwer im Magen liegt«. Ich habe dieses populäre Bild hergenommen, weil es so vieles gibt, »das sich uns auf den Magen schlägt«, von der Gastritis zum Magengeschwür und schließlich bis zu Magenkrebs führen kann, wenn wir nicht endlich die geistig-seelische Ursache beseitigen. Bitte befassen Sie sich mit der Organsprache, nachzulesen in meinem ersten Buch oder in einem Fachbuch (siehe Literaturhinweise), denn die Sprache der Organe ist offenherzig und erkenntnisreich.
Ihr Arzt plagt sich umsonst mit Ihnen, wenn Sie nur trübsinnig die Pulver schlucken, vielleicht eine Diät einhalten, sich operieren und therapieren lassen, doch ansonsten geistig durchhängen. Sind Sie auf Krankheit programmiert, nützt die ganze Medizin nur so viel, daß Sie einigermaßen dahinvegetieren können.

Gesund werden Sie aus der Erwartungshaltung heraus:
»Ich bin am Wege der Gesundung.«
Und aus Ihrem festen Glauben daran.

Selbstverständlich gehört medizinische Betreuung dazu, und Ihr Arzt hilft Ihnen, das Symptom schneller zum Verschwinden zu bringen, wenn Sie die Ursache Ihrer Disharmonie erkannt haben – Sie brauchen es dann nicht mehr. Natürlich gehört Diät (zweitweise wenigstens) dazu, gesündere Ernährung, mehr Bewegung, ausreichender Schlaf, genügend Vitamine, alternative Behandlungen und so weiter – doch Ihre Selbstheilungskräfte sind der kostbarste Beitrag zu Ihrer Gesundheit!

Ich erinnere Sie noch mal daran, daß unsere Gedanken keineswegs formlose, imaginäre Gebilde sind. Dank der Computertechnik ist es heute möglich, diese teils magnetischen, teils elektrischen Impulse unserer Gedanken auf dem Bildschirm sichtbar zu machen. Dadurch ist erkennbar, wie sehr unser Denken und Fühlen unseren Körper unmittelbar beeinflußt. Setzen wir unsere Gedanken und Emotionen richtig ein, können wir sogar bestimmte Organe und Drüsen unseres Körpers veranlassen, chemische Informationsträger, wie beispielsweise Hormone (denken Sie nur an das Adrenalin), zu produzieren und in unsere Blutbahn zu senden. Ein eigenes Fachgebiet beschäftigt sich damit, herauszufinden, welches unser Denken begleitende Gefühl welches Organ beeinflußt. Beispielsweise ist unser Ärgernisorgan die Galle, unser Gefühlsorgan das Herz, unser Kommunikationsorgan die Lunge und so weiter. Zu einem sehr großen Teil können wir vom Aussehen eines Menschen her erkennen, welche Gedanken und Gefühle in seinem Leben vorherrschen. Aktive, extrovertierte Menschen sehen anders aus als passive, introvertierte: Schon ihre Haut schaut anders aus. Denken Sie daran, wie sehr man einem Menschen hohen Blutdruck ansieht. Auch bestimmte Falten an bestimmten Stellen des Gesichtes geben Hinweise auf bestimmte Krankheiten an bestimmten Organen.

Hegen wir trübe, ärgerliche, ängstliche, also energieraubende Gedanken, sind sie »krankmachend«!

Hegen wir entspannende, lustige, liebevolle, aufbauende, schöne, zärtliche, beruhigende Gedanken, sind sie »gesundmachend«!

Bei einer Virenattacke ist unser Körper in der Lage, innerhalb einer Stunde, durch den richtigen Einsatz der Selbstheilungskräfte, Billionen Antikörper (Immunglobuline) und sogenannte Killerzellen über die Blutbahn zum entstehenden Krankheitsherd zu schicken. Voraussetzung dafür ist, die richtige Eingabe zu machen, damit unser Selbstheilungsprogramm abgerufen wird. Wie Sie nun Ihre Selbstheilungskräfte aktivieren, also mit Ihrem »inneren Arzt« vertraut werden, erkläre ich Ihnen auf den folgenden Seiten.

Es gibt sicher eine ganze Palette von Möglichkeiten, »den inneren Arzt« zu aktivieren, doch Sie haben nur einen Zugang zu ihm: Mit ihm zu kommunizieren, setzt voraus, in einem entspannten Zustand, dem Alpha-Zustand zu sein. In Amerika gibt es einen bekannten Herzforscher, Dr. Herbert Benson, und er verordnet seinen schwerkranken Patienten als wichtigstes Selbstheilungsmittel, um wieder ein gesundes Herz zu bekommen oder sich von einer Herzoperation schnell zu erholen, »Relaxation Response«. Das kann man etwas frei mit »Entspannungs-Antwort des Körpers« übersetzen. Ich bezeichne dieses Rezept als »Dialog mit dem Körper im entspannten Zustand«, und das trifft die Sache sehr genau. Die Wirkung beruht darauf, daß Ihr Körper auf den Dialog, den Sie mit ihm führen, reagiert, indem er ein komplettes Anti-Streß- und Selbstheilungsprogramm ablaufen läßt.

Unser Bordcomputer

Gehen wir von der Vorstellung eines Bordcomputers aus, müssen wir den richtigen Code kennen und ihn eingeben, damit das richtige Programm abläuft.

Der Einstiegscode ist, Ihren Geist – anders ausgedrückt, Ihr

Bewußtsein, das die Medizin in Ihrem Großhirn ansiedelt – *zuerst* still werden, also *entspannen* zu lassen.

Der Einstiegscode zu Ihrem Selbstheilungsprogramm heißt Entspannung!

Entspannung erreichen Sie, wenn Sie sogenannte Alpha-Wellen mit einer Frequenz von etwa acht bis dreizehn Hertz produzieren, also langsamere Gehirnwellen als im Zustand des Wachbewußtseins. Indem Sie diesen aufnahmefähigeren Zustand unseres Geistes erreichen – den Sie als wohligen Entspannungszustand empfinden (so, als ob Sie ein Nickerchen machen) –, nehmen Sie mit Ihrem »inneren Arzt« Verbindung auf.

Gesunde Vorstellungen

Anschließend an meine Gebrauchsanweisung für den Bordcomputer gebe ich Ihnen einen Text für den Körperdialog. Ändern Sie ihn so, daß er für Sie besser paßt. Kleben Sie nicht an meinen Worten, sprechen Sie mit Ihrem Körper, wie Ihnen der Schnabel gewachsen ist. Wenden Sie sich dem Körperteil, der bei Ihnen am meisten krank ist, am längsten zu.
Wenn Sie im Krankenhaus liegen, haben Sie viel Zeit und können noch über den Körperdialog hinaus etwas für Ihre baldige Genesung tun: Versetzen Sie sich, so oft Sie mögen, in den Alpha-Zustand und lassen Sie angenehme Bilder – zum Beispiel, was Sie als gesunder Mensch wieder tun werden – an sich vorüberziehen. Malen Sie sich so lebhaft wie möglich aus, was Ihnen Freude macht. Sei es, daß Sie gern wandern, im Garten arbeiten, Tennis spielen, golfen, malen, Klavier spielen, kochen, ein Orchester dirigie-

ren – es sollte das sein, was Sie beglückt und Sie mit dem Begriff *Gesundheit und Vitalität* verbinden. Selbst wenn Sie von Kopf bis Fuß eingegipst sind: Lenken Sie Ihr Bewußtsein, so oft es Ihnen möglich ist, weg von Ihrem harten Korsett und der mißlichen Lage, in der Sie momentan sind – auch wenn das nicht leicht ist. Denken und tun Sie geistig all das, was Sie wieder tun werden und wollen, wenn Sie ganz gesund sind. Das ist eine vorzügliche Behandlung!

Richten Sie Ihr Bewußtsein
nie auf Ihren Mangel an Gesundheit,
sondern immer auf das, was Sie erreichen wollen:
völlige Regeneration und perfekte Vitalität!

Sind Sie sehr krank, sollten Sie sich anfangs alle zwei Stunden Ihren schönen inneren »Gesundheitsbildern« hingeben. Sind Sie ein gesunder Mensch, läßt sich Ihr Körper und Ihr Unterbewußtsein von vitalen inneren Bildern sehr beeindrucken, und beide tun alles, damit es so bleibt oder besser wird. Durch diese »positive innere Bildergalerie«, in Verbindung mit einer gesunden Lebensweise, steigern Sie auch Ihre Ausdauer, Ihr Aussehen und Wohlbefinden.

Vorher die richtigen Tasten drücken

Um die optimale Kommunikation mit Ihrem Körper herzustellen, beschreibe ich Ihnen auf den nächsten Seiten die zu treffenden Vorbereitungen. Sie können meine Meditation auf eine Kassette sprechen. Ändern Sie den Text nach Ihren Bedürfnissen, und kleben Sie nicht an meinen Worten. Es ist förderlich und entspannend, wenn Sie angenehme Musik dazu hören. Später genügt Musik allein.

Sie werden den Dialog mit ihrem Körper sehr bald ohne meine Hilfe führen können und brauchen dann keinen fremden Text mehr. Wenn Sie begreifen, worum es geht, versichere ich Ihnen, daß Sie sehr bald spüren: »Jetzt kommuniziere ich mit meinem Körper – er versteht mich und antwortet mir!«

Behagt Ihnen meine Anleitung zur Entspannung nicht, bringen Sie sich auf andere Weise in den Alpha-Zustand. Seien Sie nicht ungeduldig mit sich! Nehmen Sie sich Zeit! Erlauben Sie Ihrem Körper und Ihrem Geist, sich wirklich so zu entspannen, daß Sie aufnahmefähig und gelöst sind. Suchen Sie sich einen warmen, angenehmen Platz, an dem Sie ungestört sind. Wickeln Sie sich eventuell in eine Decke ein. Sie dürfen nie frieren – doch sollten Sie auch nicht ins Schwitzen kommen. Sie können den Körperdialog im Sitzen oder im Liegen machen. Gehören Sie zu den Menschen, die in der Horizontalen sofort in Morpheus' Arme sinken, sollten Sie die aufrechte Haltung bevorzugen – so gesund der Schlaf ist, alles zu seiner Zeit!

Falls Sie im Krankenhaus liegen, wäre es gut, mit einem Walkman entspannende Musik zu hören. Machen Sie in diesem Fall den Körperdialog mindestens einmal pro Tag, ohne dabei einzuschlafen – und schauen Sie sich Ihre »Gesundheitsbilder« oft an. Ich verspreche Ihnen, Ihre Ärzte werden sich wundern über Ihre schnelle Genesung.

Körperdialog mit dem »inneren Arzt«

Bin ich dazu bereit, schließe ich meine Augen und erlaube meinem Körper, sich wohl zu fühlen und zu entspannen. Von jetzt an gibt es nichts zu wollen und zu erreichen. Ich brauche mich um nichts zu bemühen. Ich wende mei-

ne Aufmerksamkeit jetzt vollkommen nach innen und lasse zu, was immer auch geschieht.
Nun atme ich langsam (durch die Nase) ein, so, als ob ich an einer Blume riechen würde, verfolge meinen Atem, wie er langsam in meinen Körper sinkt, meinen ganzen Körper erfüllt … und atme langsam wieder aus.
Ich bleibe bei der Beobachtung meines Atems: wie ich durch die Nase einatme – diesen Atem in meinen Körper sinken lasse – und langsam wieder ausatme. Bei jedem Atemzug spüre ich, wie ich immer entspannter und gelöster werde.
Und so atme ich wieder langsam ein – erfülle meinen Körper mit frischer Luft – und atme langsam wieder aus.
Ich bin bei meinem Atem. Atme ein – und aus – und spüre, wie ich mit jedem Atemzug immer entspannter und gelöster werde … bis ich merke: Mein Atem geht ganz von selbst.
Nun gehe ich mit meiner Aufmerksamkeit zu meinen Füßen, konzentriere mich vollkommen auf meine beiden Füße; und während ich einatme, spanne ich die Muskeln meiner Füße kurz an – beim Ausatmen lasse ich vollkommen los. Ich mache das noch einmal: einatmen – Füße anspannen; ausatmen – Fußmuskeln locker lassen.
Nun gehe ich mit meiner Aufmerksamkeit weiter zu den Unterschenkeln, konzentriere mich vollkommen auf meine Unterschenkel; und während ich einatme, spanne ich die Muskeln meiner Waden kurz an – beim Ausatmen lasse ich vollkommen los. Ich mache das noch einmal: einatmen – anspannen – ausatmen – loslassen.
Nun gehe ich mit meiner Aufmerksamkeit weiter zu meinen Oberschenkeln, konzentriere mich vollkommen auf meine Oberschenkel; und während ich einatme, spanne ich die Muskeln meiner Oberschenkel kurz an – beim Ausatmen lasse ich vollkommen los. Ich mache das noch einmal: einatmen – anspannen – ausatmen – loslassen.

Nun gehe ich mit meiner Aufmerksamkeit weiter in den Unterkörper, konzentriere mich vollkommen auf meinen Unterkörper; und während ich einatme, spanne ich die Bauchmuskeln kurz an – beim Ausatmen lasse ich vollkommen los. Ich mache das noch einmal: einatmen – anspannen – ausatmen – loslassen.
Nun gehe ich mit meiner Aufmerksamkeit in meinen Oberkörper, konzentriere mich vollkommen auf meinen Oberkörper; und während ich einatme spanne ich die Brustmuskeln kurz an – beim Ausatmen lasse ich vollkommen los. Ich mache das noch einmal: einatmen – anspannen – ausatmen – loslassen.
Nun gehe ich mit meiner Aufmerksamkeit weiter in beide Hände und Arme, konzentriere mich vollkommen auf Hände und Arme; und während ich einatme, balle ich die Hände zu Fäusten und spanne die Armmuskeln an – beim Ausatmen lasse ich vollkommen los. Noch einmal: einatmen – anspannen – ausatmen – loslassen.
Nun gehe ich weiter mit meiner Aufmerksamkeit in meinen Kopf, konzentriere mich vollkommen auf meinen Kopf; und während ich einatme, spanne ich die Kopfhaut kurz an, atme aus und lasse ganz bewußt los. Kontrolliere, indem ich noch mal ein- und ausatme, ob meine Augen- und Mundpartie sowie meine Kopfhaut vollkommen entspannt sind – und fühle mich nun ruhig und sehr wohl.
Nur wenn es mir angenehm ist, richte ich nun meine geschlossenen Augen zur Stirnmitte oder richte, wenn mir das angenehmer ist, meine geschlossenen Augen auf einen imaginären Punkt, der sich etwas über Augenhöhe in einiger Entfernung befindet. Während ich nun langsam die Zahlen von zehn bis eins zähle, halte ich die Augen in dieser Aufwärtsposition. (Bei zehn beginnend einatmen, bei neun ausatmen, bei acht einatmen, bei sieben ausatmen, bei sechs einatmen, bei fünf ausatmen, bei vier einatmen, bei drei ausatmen, bei zwei einatmen, bei eins ausatmen.)

Dann lasse ich meine Augen wieder ihre normale Stellung einnehmen und nehme nun den Dialog mit meinem Körper auf: Dazu mache ich mir bewußt, daß ich den Rhythmus meines Atems, der wie ein Strom des Lebens durch mich fließt, viel bewußter als sonst genieße. Atme gleichmäßig – und habe im Außen alles losgelassen. Mit jedem Atemzug wird mir bewußter, daß ich gesunde Luft, Kraft und Vitalität einatme – und verbrauchte Luft, und damit alle Belastungen, ausatme.

Ich gehe nun wieder mit meiner Aufmerksamkeit zu meinen Füßen, spüre von dort langsam hoch bis zu den Oberschenkeln und empfinde Dankbarkeit, weil ich diese Gliedmaßen habe. Sollte ich Schmerzen oder ein Gebrechen in diesem Teil meines Körpers haben, stelle ich mir vor, daß dieser Teil von silberweißem Licht erfüllt und umgeben ist. Ich sage diesem unheilen Teil, sei es das Knie, eine Zehe, das gebrochene Schienbein (welcher Teil auch immer), daß ich mich ihm nun jeden Tag geistig zuwenden werde und daß es durch silberweißes Licht gereinigt und in der Heilung unterstützt wird. Ich sehe meine unheile Stelle wieder heil (wie ich laufe, turne, Sport ausübe und so weiter) und bedanke mich dafür, daß mir dieser Teil wieder gesund zur Verfügung steht.

Ich gehe nun mit meiner Aufmerksamkeit in den Unterkörper und spüre Dankbarkeit für alle Organe und wichtigen Teile, die sich im Unterkörper befinden. Sollte ich hier ein Gebrechen, eine schmerzende Stelle oder ein krankes Organ haben, stelle ich mir vor, daß silberweißes Licht in und um diesen unheilen Teil meines Unterkörpers ist (Hüfte, Unterleib, Verdauungsorgane und so weiter). Ich versichere diesem kranken, schmerzenden Teil, daß ich mich ihm nun jeden Tag geistig zuwenden werde und daß er durch silberweißes Licht gereinigt und in der Heilung unterstützt wird. Ich stelle mir das Organ (Darm, Magen, Bauchspeicheldrüse oder auch die Hüfte) wieder gesund

vor (zum Beispiel bei Hüftleiden durch ein Bild, wie ich laufe; bei Magenleiden durch ein Bild, wie ich in meinem Lieblingslokal genußvoll esse; bei Darmleiden durch ein Bild, wie ich verreise und völlig unbeschwert bin) und bedanke mich dann, daß mir dieser Teil wieder gesund zur Verfügung steht.
Ich gehe nun mit meiner Aufmerksamkeit in den Oberkörper und verspüre Dankbarkeit für alle Organe und wichtigen Teile, die sich in meinem Oberkörper befinden. Sollte ich hier ein Gebrechen, ein krankes Organ oder eine schmerzende Stelle haben, stelle ich mir vor, daß silberweißes Licht diesen Teil erfüllt und umgibt. Ich versichere diesem Teil (Organ), daß ich mich ihm nun jeden Tag geistig zuwenden werde und daß er durch silberweißes Licht gereinigt und in der Heilung unterstützt wird. Ich stelle mir das Organ (durch entsprechende Bilder, siehe Unterkörper) gesund vor und bedanke mich dafür, daß mir dieser Teil wieder gesund zu Verfügung steht.
Ich gehe nun mit meiner Aufmerksamkeit zu meiner Wirbelsäule... und spüre vom Steißbein in Ruhe hoch bis in den letzten Halswirbel. Lasse ganz langsam orangefarbenes Licht entlang der Wirbelsäule hochsteigen und fühle, wie dieses Licht meine Wirbelsäule entspannt. Ich bedanke mich, daß meine Wirbelsäule meinen Körper stützt und trägt. Sollte ich hier eine schmerzende oder kranke Stelle haben (Bandscheibenschaden, Wirbelbruch, Ischiasbeschwerden oder ähnliches) fühle ich, wie orangefarbenes (nicht weißes!) Licht diese Stelle in kreisenden Aufwärtsbewegungen massiert, bis ich tatsächlich Wärme und Entspannung verspüre. Ich kann auch meine ganze Wirbelsäule mit orangefarbenem Licht von unten nach oben mit kreisförmigen Bewegungen – geistig – massieren; das entspannt und durchblutet sehr gut! Ich spreche mit der unheilen Stelle und versichere, daß ich mich ihr nun jeden Tag geistig zuwenden und daß ich sie (mit orangefarbenem

Licht) massieren werde. Anschließend sehe ich mich wieder (durch entsprechende Bilder) mit gesundem Rücken alles tun und danke, daß ich wieder gesund und voll beweglich bin.
Ich gehe nun mit meiner Aufmerksamkeit in meine beiden Hände und spüre von dort aus hoch bis in meine Oberarme. Sollte ich irgendwo eine kranke oder unheile Stelle haben, sehe ich diese Stelle von silberweißem Licht umgeben und durchflutet. Ich bedanke mich bei meinen Händen und Armen, daß ich mit ihnen halten, berühren und arbeiten kann. Ich spreche mit der kranken oder schmerzenden Stelle und versichere ihr, daß ich mich ihr jeden Tag geistig zuwenden werde. Dann stelle ich mir (durch entsprechende Bilder) vor, daß dieser Teil wieder heil und gesund ist und bedanke mich dafür.
Nun gehe ich mit meiner Aufmerksamkeit in meinen Kopf. Ich bedanke mich nun bei meinen Augen, daß sie mich die Welt sehen lassen, danke meinen Ohren, daß sie mich hören lassen, und danke meinem Gehirn für seine Arbeit, die es für mich leistet. Sollte ich irgendwo in meinem Kopf eine kranke oder unheile Stelle haben, sehe ich diese von silberweißem Licht umgeben und durchflutet. Ich versichere dieser Stelle, daß ich mich ihr nun jeden Tag geistig zuwenden werde, und bedanke mich für die Heilung.
Zum Schluß stelle ich mir vor, daß silberweißes Licht meinen ganzen Körper erfüllt und ihn einhüllt wie ein schützender Mantel. (Stellen Sie sich eine Straßenlaterne vor, deren weißer Lichtkegel nachts auf Sie fällt.) Ich mache das so lange, bis ich Trost, Zuversicht, Wärme, Wohlbehagen und Entspannung empfinde.
Habe ich ein Organ, von dem ich weiß, daß es krank ist, wende ich meine Aufmerksamkeit diesem Organ besonders zu. Ich spreche mit diesem Organ – liebevoll und einfach. Ich sage ihm, daß es ab jetzt sehr gute Medikamente

und eine besonders erfolgreiche Behandlung bekommt und ich mich ihm jeden Tag geistig zuwenden werde. Ich sage dieser besonders kranken Stelle oder diesem Organ, daß ich alles tue, was zur Heilung beiträgt. Ich bestrahle diese Stelle mit silberweißem Licht, reinige sie damit und tue das so lange, bis ich Wärme, Entspannung, Schmerzlinderung oder Schmerzfreiheit verspüre.
Wenn ich mag, kann ich zum Abschluß schöne Bilder, die sich für mich mit dem Begriff der absoluten Gesundheit verbinden, an meinem inneren Auge vorbeiziehen lassen. Ich tue das mit den dazugehörigen Emotionen wie Freude, Glück, Zuversicht und Dankbarkeit für meinen wunderbaren Körper.
Fühle ich mich wohl und geborgen, bleibe ich so lange, wie ich will, in diesem angenehmen Zustand. Er ist Labsal für meine Seele, für meinen Geist und für meinen Körper. Ich mache Urlaub von der Hektik des Alltags, von aufwühlenden Gedanken und allen Sorgen ... Versuchen Sie sich diesen Schlußsatz einzuprägen. Er ist einer der wenigen Sätze, an denen Sie kleben sollten, denn er tut Ihrer Seele sehr gut! Damit sind Sie beim Ende des Dialoges angekommen.
Sie haben nun zum ersten Mal Kontakt zu Ihrem »inneren Arzt« gehabt. Sie haben ihn jetzt geweckt – darüber freut er sich. Bleiben Sie ihm treu!
Sind Sie mit dem Körperdialog fertig, atmen Sie einige Male tief durch, bewegen Sie bitte zuerst Ihre Beine ein wenig, dann die Arme, richten Sie Ihren Körper auf – öffnen Sie Ihre Augen, und kommen Sie mit einem Lächeln zurück. Klopfen Sie nun einige Male mit den Fingerkuppen auf Ihre Thymusdrüse (auf dem Brustbein, etwas über der Brust) und reiben Sie zum Schluß ganz fest Ihre Ohren.
Sie aktivieren dadurch, über viele Akupunkturpunkte, Ihren ganzen Körper. Ihre heutige Sprechstunde beim »in-

neren Arzt« ist damit beendet. Schwänzen Sie diese nicht allzu oft, denn er paßt immer besser, und zwar zeitlebens, auf Sie auf!

Kommunikationswunder

Ich möchte noch ein paar ergänzende Bemerkungen zum Körperdialog machen, mit dem Sie Ihre Selbstheilungskräfte immer mehr und mehr aktivieren werden.
Kommt Ihnen die von mir vorgeschlagene Meditation zu lang und zu umständlich vor, nehmen Sie bitte nur das Schema an – und legen Sie sich eine andere Art der Kontaktaufnahme zurecht.

Wichtig ist, Sie spüren:
»Ich habe Kontakt zu meinem Körper!«

Können Sie sich schneller in den Alpha-Zustand (einen entspannten Zustand) versetzen, sparen Sie sich die Muskelentspannung des ganzen Körpers. Sind Sie ein Entspannungsprofi, dauert der Körperdialog etwa fünfzehn Minuten (wenn Sie sich nur gesund erhalten wollen). Sind Sie krank, sollte Ihnen die aufgewendete Zeit für Ihre kostbare Gesundheit nie zu lang sein. Je einfacher und liebevoller Sie mit Ihren Organen und Ihrem Körper kommunizieren, desto entgegenkommender und schneller reagiert er. Glauben Sie mir: Diese Art der Zuwendung bringt unendlich viel, und oft geschehen kleine Wunder.
Haben Sie einen Tumor zu bekämpfen, sehen Sie die Krieger, die mit der Infusion in Ihre Blutbahn gelangen und zum Kampf antreten. Sehen Sie den Tumor durch Bestrahlung mit silberweißem Licht jeden Tag ein wenig kleiner werden. Sehen Sie, bei komplizierten, schlecht heilenden

Wunden kleine Pfleger, die mittels Lichttupfer und Lichtpflaster die Wunde reinigen und zusammenkleben. Sie brauchen dazu keine medizinischen Kenntnisse – nur ein wenig Kreativität und ein gutes Vorstellungsvermögen (das Sie sich bald antrainieren werden).
Denken Sie daran, sich nie zu gestatten in Bildern des Selbstmitleids, der Gebrechlichkeit und des Trübsals zu schwelgen. Wir tun das alle nur zu gern, und es ist oft sehr schwer, es nicht zu tun. Doch es sollte Ihnen bewußt sein, daß Sie sich dann anstatt des erwünschten Gesundheitsbewußtseins ein brav funktionierendes Krankheitsbewußtsein zulegen.

Lehnen Sie es ab, über Krankheit zu sprechen!
Gewöhnen Sie sich daran, über
Ihre Zuversicht zu sprechen,
daß Sie wieder völlig gesund sein werden.

Sind Sie ganz und gar gesund, haben Sie bestimmt ein gut entwickeltes Gesundheitsbewußtsein. Hegen und pflegen Sie es – vielleicht hin und wieder mittels Körperdialog oder innerer Bilder –, oder bedanken Sie sich einfach bei Ihren Organen, daß sie so gut funktionieren. Denken Sie daran:

Kleine Geschenke erhalten die Freundschaft.
Behandeln Sie Ihren Körper als Freund.

Sind Sie an und für sich gesund und werden nur hier und da von einer kleinen Unpäßlichkeit geplagt, machen Sie den Dialog einmal die Woche – und reinigen Sie dabei Ihren Körper mit silberweißem Licht (wie Mondlicht vorstellen), und massieren Sie die Wirbelsäule mit orangefarbenem Licht (wie die aufgehende Sonne vorstellen).
Sollte Ihnen all das etwas einfältig und kindisch vorkommen, empfehle ich Ihnen: Probieren Sie es trotzdem aus,

und beobachten Sie, was sich tut, wenn Sie krank sind. Wenn Sie nicht zu den Ungeduldigen gehören, die meinen: »Lieber Gott, gib mir Geduld – aber sofort! Und Heilung – nach einer einzigen Behandlung!«, dann verspreche ich Ihnen, daß diese Technik, so schlicht Sie Ihnen vorkommen mag, hervorragende Ergebnisse bringt!
Hören Sie das erste Mal von Ihrem Arzt: »Alle Achtung, Sie haben sich aber schnell erholt, das dauert sonst gewöhnlich viel länger bei Ihnen!«, oder spüren Sie, wie langjährige Schmerzen durch Ihre innere Hinwendung (zu einer bestimmten Stelle) nachlassen, oft ganz verschwinden, wird Sie niemand mehr von dieser »inneren Sprechstunde« abhalten können. Vergessen Sie niemals:

Gedankenveränderung ist Körperveränderung!

Glauben Sie an Ihre geistige Kraft, und nehmen Sie Gesundheit als selbstverständlichen, natürlichen Zustand an. Dann haben Sie die erste Säule geschaffen: Ihr Gesundheitsbewußtsein!

8. Kapitel

Im 8. Kapitel lesen Sie:

- Wohlstand ist eine Geisteshaltung
- Haben Sie Ihre Bedürfnisse geklärt?
- Drei zu treffende Feststellungen
- Im Außen handeln – im Inneren fühlen!
- Partnerschaftlicher Wohlstand
- Materieller Wohlstand – ein weiterer Schritt
- Das Gefühl, »es zu verdienen«!
- Hüten Sie sich vor Mangelbewußtsein!
- Üben Sie umfassendes »Wahrnehmen«
- Nichts einseitig betrachten – besser von vielen Seiten
- Der höchste Bewußtseinszustand
- Gedanken über Weisheit
- Erkennen – leichter im Alpha-Zustand

Wohlstandsbewußtsein

Ich will hier nicht alle meine Lebensumstände vor Ihnen ausbreiten – doch einiges möchte ich Ihnen gern erzählen. Alles, was ich mir früher in meinem Leben unter Wohlstand vorstellte, erreichte ich. Ich bin glücklich und dankbar, daß ich diesen Wohlstand noch immer habe und ich weiß, er bleibt mir treu. Doch jetzt ist es an der Zeit, Ihnen zu erklären, was Wohlstand denn eigentlich für mich bedeutet.

Da ich ein eher überlegter Mensch bin, hatte ich nie das Verlangen, Geld mit beiden Händen zum Fenster hinaus zu werfen, das würde meiner ganzen Lebensauffassung widersprechen. Ich verdiente stets mit Arbeit mein Geld und schätze seinen Wert. Doch ich genieße es, mir Wünsche, im für mich stimmigen Rahmen, zu erfüllen. Unter Wohlstand verstehe ich: ein harmonisches, partnerschaftliches (Familien)Leben; einen Beruf oder eine Beschäftigung, die erfüllend ist und Freude macht; schön und bequem zu wohnen; mir die entsprechende Freizeit und hier und da Reisen zu gönnen; liebe, aufrichtige Freunde zu haben; ein Theater, Konzert oder die Oper, wenn ich Lust habe, zu besuchen; in viele interessante Veranstaltungen zu gehen; mir so viele Bücher kaufen zu können, wie mein Herz begehrt; eben finanziell so abgesichert zu sein, daß ich mich wohl fühle.

Sie können sich unter Wohlstand selbstverständlich etwas ganz anderes vorstellen, doch das ist mein Verständnis von Wohlstand. Es ist egal, wie Ihre Bedürfnisse sind, Sie brauchen das innere Wissen: »Ich bin auf dem Weg zu *meinem* Wohlstand!«

Ob Sie es glauben oder nicht, Sie leben keinesfalls im Wohlstand, wenn Sie mit beiden Händen im Geld wühlen, jedes Jahr dreimal um den Erdball düsen, in einer Yacht über die Meere schaukeln, die tollsten Männer (oder Frauen) Ihnen zu Füßen liegen, Sie in einem Schloß wohnen, berühmt sind und bewundert werden ... Wohlstand heißt schlicht und einfach, daß alles »wohl steht« in einem Leben. Es ist ein etwas altmodischer Begriff und bedeutet: Mein Leben ist in vollkommener Ordnung und Harmonie, mir ist wohl!

Jeder von Ihnen hat selbstverständlich andere Wohlstandsbegriffe. Das hängt von Ihrer Ausgangssituation ab: von Ihrer derzeitigen beruflichen, finanziellen und privaten Lage. Es hängt davon ab, was für ein Typ Sie sind und was für Sie von daher das Wichtigste ist. Sie können zu jenen gehören, die sagen: »Habe ich einen Menschen an meiner Seite, den ich aus ganzem Herzen liebe und der mir die gleichen Gefühle entgegenbringt, stellt sich aller Wohlstand von selbst ein.« Das stimmt hundertprozentig, denn tiefe, echte Liebe gibt Ihnen alle Kraft, die Ihr Selbst braucht, um in jeder Hinsicht das Beste zu leisten – und an sich zu glauben. Leider trifft das auf die wenigsten von uns zu – und es hat keinen Sinn, krampfhaft nach Liebe Ausschau zu halten. Glauben Sie mir, das ist der verkehrte Weg. Er widerspräche auch der alten Weisheit:

Gehe zu einem Partner als König, nie als Bettler!

Bauen Sie sich lieber vorher die zweite Säule auf, auf der Ihr Leben ruhen sollte: das Wohlstandsbewußtsein – es ist in jeder Hinsicht, auch für eine Partnerschaft, sehr wichtig. Ein anderer Typ befindet sich wohl, wenn er einen Beruf hat, der für ihn Berufung ist. Er schöpft aus dieser Quelle alle Wonne und allen Wohlstand. Ich denke an Künstler, die in ihren Schöpfungen und Kreationen aufgehen und glücklich sind, wenn Sie ein Atelier und Aufträge von Kunden haben, die ihnen freie Hand bei der Gestaltung lassen. Oder Musiker, die endlich in einem guten Orchester einen Platz finden. Sänger oder Schauspieler, die an einem Theater ein Engagement bekommen, in dem sie sich glücklich und gefördert fühlen. Geld und Partnerschaft ist diesen Menschen nicht so wichtig wie Erfüllung, das Ausleben ihres Talentes, Ruhm und Publicity.

So verschieden wir Menschen sind, so verschieden ist unsere Vorstellung von Wohlstand. Eines weiß ich: Wenn Sie dieses Buch in sich aufnehmen, gelangen Sie so weit in Ihrer Einsicht, daß Sie den Begriff der inneren Ethik kennenlernen. Sie können auch Gewissen dazu sagen. Es ist Ihr bester Wegweiser zu Ihren echten Bedürfnissen! Hören Sie nicht auf Ihr Ego, das Ihnen vielleicht doch weißmachen will, daß Sie wahren Wohlstand erreicht haben, wenn Freunden und Bekannten ob Ihres Lebensstandards die Augen überquellen und sie grün vor Neid werden.

Ich möchte Ihnen nun eine Geschichte erzählen, die ich selbst miterlebt habe. In einer Gesprächsrunde wurden einmal Wohlstandsträume erzählt. Eine dieser Vorstellungen habe ich mir bis heute gemerkt: »Ich besitze eine Burg. Sie steht auf einer Anhöhe, und das gemeine Volk wohnt in kleinen Hütten am Fuß des Schloßbergs. Ich gebe opulente Feste, schöne Frauen umgeben mich und lesen mir jeden Wunsch von den Augen ab. Das Feuer brennt im offenen Kamin der großen Halle. Ausgelassene Gäste sitzen mit mir am übervollen Tisch. Ich sehe mich tafeln, wie es die alten Römer taten. Weingläser fliegen an die Wand – eine ausgelassene Gesellschaft vergnügt sich. Von Zeit zu

Zeit gehe ich zu einer Truhe, hole eine Handvoll Goldstücke heraus und werfe sie den Hang hinunter unters Volk. Das Gesinde bringt sich gegenseitig fast um vor Gier. Es ist für mich eine wunderbare Art der Belustigung. Die Leute fürchten mich und schmeicheln mir. Ich bin ein Herrscher!«

Diese Gesprächsrunde liegt einige Jahre zurück. Und die Wünsche dieses Menschen gingen durch seine starke Vorstellungskraft und seinen unbändigen Glauben, daß ihm all das zusteht, fast vollständig (natürlich unserer modernen Zeit angepaßt) in Erfüllung. Er ist ein überaus tüchtiger Geschäftsmann, hat in wenigen Jahren ein Vermögen angehäuft, kam aus einfachen Verhältnissen und ist heute ein reicher Mann. Doch wirklich wohl steht es um ihn nicht. Das, was er jetzt vermißt: Liebe, Anerkennung, Hochachtung, echte Freundschaft besitzt er nicht. Das Fatale ist, daß er jetzt erkannt hat, wie wichtig emotionaler, innerer Wohlstand ist. Leider kann er nicht daran glauben, daß ihm diese wichtigen Gefühle noch zufließen werden, er kann auch nicht daran glauben, daß er diese Gefühle verdient, und er erwartet sie auch nicht mehr. Ihm geschieht nach seinem Glauben ... Geld ist ein wunderbarer Diener, doch zum Herrscher über sich dürfen Sie es nie werden lassen. Jagen Sie Ihr ganzes Leben lang dem Geld nach, und glauben Sie nur an die Magie des Geldes, dann bekommen Sie es bestimmt. Doch am Ende Ihres Lebens haben Sie nichts – außer Geld!

Die Geisteshaltung »Wohlgefühl«

Es stimmt, daß Sie alles, was Sie sich vorstellen können, erreichen werden! So wie überall, beweisen sich auch beim Wohlstandsbewußtsein die geistigen Gesetzmäßigkeiten –

sie treten niemals außer Kraft. Wohlstand kann im Außen »gemacht« werden, doch wahrer Wohlstand entsteht von innen nach außen!

Echter Wohlstand kommt aus einer Geisteshaltung des inneren Wohlgefühls.

Ich kann Ihnen am leichtesten an Hand meiner Erfahrungen erklären, wie ich erlebte, daß sich aus meinem angeborenen Wohlstandsbewußtsein meine angenehmen Lebensumstände entwickelten. Das Bewußtsein will nicht nur herangebildet werden, wir brauchen auch den Mut, die Kraft und das Gefühl, richtig zu handeln – die Geisteshaltung »Wohlgefühl« …

Die Klärung der Bedürfnisse

Der erste Schritt dahin ist, zu klären, wie Ihre Wohlstandsbedürfnisse sind: Wie soll meine Partnerschaft beschaffen sein? Will ich Familie oder eine andere Art des Zusammenlebens? Wie soll sich meine berufliche Zukunft entwickeln? Habe ich schon den richtigen Beruf, oder sehne ich mich nach einer anderen Tätigkeit? Möchte ich selbständig tätig oder angestellt sein? Habe ich ein Talent, das sich (besser) entfalten soll? Wie und wo will ich wohnen? Welche materiellen Wünsche habe ich? Welche geistigen Bedürfnisse habe ich? Wenn Ihnen weitere Lebensumstände einfallen, mit denen Sie unzufrieden sind oder die in Ihrem Leben zu kurz kommen, halten Sie diese fest. Klären Sie, wie Ihr Leben ausschauen soll, damit Sie rundherum zufrieden sind, und schreiben Sie diese Vorstellungen in ein paar präzisen Sätzen nieder. (Sie brauchen das später für Ihr Wohlstandstraining.)

Lassen Sie los von unsinnigen, kindischen Vorstellungen, an die Sie nie glauben können. Spüren Sie in sich hinein, ob die Art von Leben, die Sie sich wünschen, Ihren wahren Bedürfnissen entspricht und zu Ihnen paßt. Erst wenn Sie mit absoluter Sicherheit wissen: »Das bedeutet für mich Wohlstand, so will ich leben, das kann ich erreichen, weil ich spüre, daß mir das zusteht« – dann machen Sie den nächsten Schritt.

Ich möchte noch einmal auf mich zurückkommen: Ich wußte mit achtundzwanzig Jahren genau, was für mich Wohlstand ist. Ich hatte klare Vorstellungen, was ich beruflich erreichen will, wie ich mit meiner Familie leben und wohnen möchte, wie meine materiellen Umstände sein sollen – und in welchem Alter ich mir gestatten möchte, meiner Liebe zum Schreiben Platz einzuräumen. Ich habe das, was mir stets am wichtigsten war, genau in dem Moment erreicht, indem ich mir mit vollkommener innerer Gewißheit zugestand: »Jetzt ist der Zeitpunkt richtig für dich. Du verdienst es nun, weil du alle Voraussetzungen erfüllt hast.« Ich spürte dann in meinem Herzen und in meiner Seele die Zustimmung, die freudige Erwartung... Wenn ich von etwas annahm, daß es mir nicht zustand, weil..., bekam ich es auch nicht. Ich hatte damals leider nie mein Augenmerk auf meine Gesundheit gelenkt – und so wurde sie dann zu meiner Schwachstelle.

Drei wichtige Feststellungen

Ich möchte Ihnen an einem Beispiel zeigen, wie sich bei mir das Berufsleben – durch mein Wohlstandsbewußtsein gelenkt – entwickelt hat: Ich war nie eine Buchhalternatur, doch ich hatte diesen Beruf erlernt, die entsprechenden

Schulen besucht und verdiente damit mein Geld. Ich hatte kein Fünkchen Freude an meiner Arbeit. Ich wollte etwas schaffen, einen eigenen Betrieb leiten – selbständig agieren. Trotz meiner Abneigung gegen den »Buchhaltungskram« wußte ich, daß fundiertes kaufmännisches Wissen notwendig ist, um einen Betrieb zu führen. Also studierte ich zu einem Zeitpunkt, da weit und breit kein Schimmer eines eigenen Unternehmens zu sehen war, Steuergesetze, lernte Bilanzen lesen und machte mich mit den wichtigsten kaufmännischen Grundsätzen des Verkaufs und der Organisation vertraut. Zu dieser Zeit war ich eine Angestellte, die für zwei Erholungsheime die Essiggurken und Telefonrechnungen verbuchte.

Meine Kolleginnen lachten mich aus und sagten: »Heirate reich, dann kannst du deine Konten und Steuertips vergessen. Lerne das doch erst, wenn es einen Sinn für dich hat. Du weißt ja gar nicht, ob du das jemals brauchst!« Ich erklärte ihnen: »Ich brauche das sicher, egal ob ich heirate oder nicht. Irgendwann werde ich einen eigenen Betrieb haben und so lange damit arbeiten, bis ich leben kann, wie ich will. Bin ich alt (50 Jahre waren für mich damals uralt), werde ich Bücher schreiben!« Sie lachten mich aus – ich wußte, daß ich das Richtige tat.

Ein eigenes Unternehmen bekam ich nicht gleich. Doch ich lernte meinen Mann kennen, der einen kleinen Betrieb hatte. Innerhalb sehr kurzer Zeit schafften wir es gemeinsam, daraus etwas zu machen, das sich wunderbar entwickelte. Während dieser Jahre hatte ich immer das Gefühl: Du hast die Chance, im Betrieb deines Mannes Erfahrungen zu sammeln, und wenn du gut bist, bekommst du dein eigenes Unternehmen.

Ich war gern im Betrieb, kam mit den Kunden gut zurecht, es machte mir Spaß, sie zu beraten, mit Banken, Ämtern, Bauherren zu verhandeln, und sogar mit dem Finanzamt kam ich gut zurecht. Ich lernte, mit Mitarbeitern umzugehen, hatte viel Arbeit – und trotzdem Freude daran. Ich merkte: Geschäftsfrau paßt zu mir!

Im Außen handeln – im Inneren fühlen

Weil ich im Außen alles tat, was zu tun war, kam innerlich immer mehr das Gefühl auf: »Jawohl, du bist einem Unternehmen gewachsen, du kannst es, du verdienst es, du bekommst dein Unternehmen!« Also bekam ich mit einunddreißig Jahren, auf eine sehr ungewöhnliche Art und Weise, mein Unternehmen. Ich blieb weiterhin der Finanzminister des Familienbetriebes, doch inzwischen hatte ich gute Mitarbeiter eingearbeitet, die meine Arbeit übernahmen. Meine eigenen Wohlstandsvorstellungen warteten darauf, verwirklicht zu werden. Alles, was ich damals unternahm, tat ich instinktiv, intuitiv und »weil ich vollkommen überzeugt war, daß meine Wünsche und Vorstellungen darauf warteten, in der Realität in Erscheinung zu treten«.

Alles, was zu Ihrem Wohlstand gehört,
bekommen Sie dann,
wenn Sie in Ihrem Innersten überzeugt sind:
»Ich verdiene es, ich kann es, es paßt zu mir.«

Es ist ganz wichtig, daß Sie die Wahrhaftigkeit und die lebensverändernde Aussage dieser drei kurzen Sätze spüren. Übertragen Sie mein Beispiel des beruflichen Wohlstandes, Sie können es auch Erfüllung nennen, auf eine andere, beliebige Sparte Ihres Lebens, es gilt immer das gleiche: Sie sollten das Gefühl entwickeln: »An der nächsten Ecke lauert Wohlstand auf mich!« Bejahen Sie aufrichtigen Herzens: »Ich verdiene es, ich kann es, es paßt zu mir!«

Privater Wohlstand

Steht es in Ihrem Privatleben nicht zum Besten, blättern Sie zurück zum geistigen Gesetz der Spiegelung. Ihr Partner spiegelt die Lebensumstände Ihrer Partnerschaft wider. Wenn Sie innerlich überzeugt sind: »So wie ich bin, möchte ich mit mir nicht leben (verheiratet sein)«, so erwarten Sie bitte nicht den Traummann oder die Traumfrau an Ihrer Seite. Seien Sie froh, wenn Sie noch allein sind, denn unter diesen Umständen wäre Ihre Beziehung bestimmt nicht das Gelbe vom Ei. Sollten Sie den Glauben hegen: »Den Partner biege ich mir schon zurecht«, werden Sie von einem schweren Irrglauben heimgesucht! Der andere ändert sich bestimmt nicht! Entweder ändern Sie sich, oder Sie ändern Ihre Einstellung zu ihm. Ändern Sie sich und Ihre Einstellung zu ihm, verändert sich schlagartig Ihre Partnerschaft. Ich meine nicht, daß Sie von heute an nur noch lieb, geduldig, gut, großherzig und tolerant sein sollen – ich meine, daß Sie auch Mut, Kraft, Wahrheitsliebe, Entschlossenheit, Offenheit, Klarheit, Eigenständigkeit und Distanz zeigen sollen.

Sind *Sie* so weit, daß *Sie sich* mögen und akzeptieren, sich selbst liebevoll behandeln, zu sich selbst fürsorglich sind, sich selbst Zeit und Raum zu lernen geben, ist der richtige Zeitpunkt für Zweisamkeit gekommen. Belügen Sie sich nicht, sondern seien Sie ehrlich. Sind Sie der festen Meinung: »Mit mir zu leben ist schön!«, dann klappt es auch im Außen, dann brauche ich Ihnen nichts mehr zu wünschen, denn Sie werden vom passenden Partner »gefunden«: Weil Sie mit sich selbst im Reinen sind, mit einem *du* zusammenleben können, es verdienen, von einem *du* geliebt zu werden, und von einem anderen Menschen emotional nicht mehr abhängig sind. Lassen Sie die Erwartungshaltung los: »Du (Partner) mußt mich glücklich machen!« Wenn Sie all diese Voraussetzungen erfüllen, kann es in Ihrem Liebes- und Partnerschaftsleben nicht mehr lange an Wohlstand mangeln. Sie strahlen, nach dem Gesetz der Resonanz, genau das aus, was sich jeder Mensch von einem *du* wünscht. Sollte sich das Glück nicht finden, könnte es daran liegen, daß Sie dem Leben keine Möglichkeit geben, Ihnen den richtigen Partner zuzuführen, weil Sie sich dauernd im stillen Kämmerlein verstecken. Merke:

»Glück braucht offene Türen!«

Materieller Wohlstand

Geht es darum, endlich in anständigen finanziellen Umständen leben zu können, dürfte es wichtig sein, Ihr Augenmerk auf Ihren Beruf, als die Quelle für materiellen Wohlstand, zu lenken. Entweder haben Sie den falschen Beruf, bringen daher nichts Gescheites auf die Welt – und verdienen zu Recht mies. Denn wenn Sie gut sind und trotzdem »Nulligkeit und mangelhafte Kompetenz« ausstrahlen, heißt das, *Sie* halten sich nicht für gut – und daher verdienen Sie auch schlecht. Noch eine Möglichkeit: Sie haben einen guten Beruf und verdienen ausreichend, bewegen sich aber trotzdem stets an der Armutsgrenze, weil Sie mit Geld nicht umgehen können. Der Grund kann falsche Gutmütigkeit sein – jeder weiß, er kann Sie anpumpen. Sie fordern Ihr Geld nie energisch genug zurück. Eine weitere Möglichkeit: Sie glauben jedem Besserwisser und agieren bei Ihren Investitionen ungeschickt.
Nun gehe ich davon aus, daß Sie genug verdienen und nur eine unglückliche Hand im Umgang mit Geld haben. Mein Rat: Lernen Sie von einem Fachmann; suchen Sie sich einen, der Sie berät. Er kostet Sie viel weniger Geld als

Ihre laufenden Fehlinvestitionen. Sie haben in diesem Fall ein gestörtes Wohlstandsbewußtsein (weil Ihnen die notwendigen Kenntnisse fehlen) und daher zu wenig Selbstvertrauen. Konzentrieren Sie sich auf den Aufbau eines stabilen Selbstbewußtseins.

Haben Sie jedoch am Ende jeden Monats immer »zu viele Tage für zu wenig Geld«, ist es an der Zeit, Ihr Wohlstandsbewußtsein zu hinterfragen, und wenn es fehlt, mit dem Aufbau zu beginnen. Können Sie sich den Glücksfall vorstellen, durch einen Onkel aus Amerika zu einem Erbe zu kommen, das von allen Sorgen befreit, oder sind Sie überzeugt das große Los in der Lotterie zu ziehen? Das ist durchaus möglich, wenn Sie daran glauben. Die Voraussetzung ist, sich innerlich zuzugestehen, dieses Erbe oder diesen Gewinn zu verdienen, weil ... Mir fiele dazu nichts ein, denn ich wußte immer: Ich kann arbeiten und verdiene dadurch mein Geld. Ich bin für diese mühelose Art des Verdienens nicht geschaffen, und deshalb betrete ich Kasinos auch nur als Zuschauerin. Fühlen Sie sich innerlich wohl und bereit zum Geldverdienen, weil Sie alles können, wollen, tun, mitbringen – so daß Sie intensiv fühlen: »Jetzt steht mir die angemessene Position mit der entsprechend guten Entlohnung« zu, dann sind Sie im richtigen Bewußtsein. Ich habe wohlhabende Menschen befragt. Alle sagten mir: »Ich habe genau gespürt, daß es jetzt soweit ist«, und jeder hatte den absoluten Glauben, »Wohlstand steht mir zu. Höchste Zeit, daß ich meine Chance bekomme!« Ich kenne auch ein paar Leute, die von sich behaupten und offen zugeben: »Ich habe nichts Gescheites gelernt; doch ich wußte, daß ich alles bekomme, um so leben zu können, wie ich will.«

Der eine glaubt, daß der liebe Gott ihm, weil er es verdient, Wohlstand schickt, der andere glaubt an sich selbst! Beider Glauben funktioniert – beide leben im Wohlstand!

Das Gefühl, »es zu verdienen«

Haben Sie die Empfindung: »Ich werde jetzt zu Wohlstand kommen, weil ich ihn verdiene«, und zweifeln Sie nicht mehr daran, dann bekommen Sie das Gefühl, als würde das Leben Sie oft anstupsen: »Los, tu das, schau dort hin, rede den an, gehe dort hin, mach weiter!« Sie fühlen sich vorwärtsgetragen und vorwärtsgedrängt. Sie werden staunen, wie *ein* Bewußtseinszustand zum nächsten führt: Wohlstand zu Erfolg und weiter zu Selbstbewußtsein.
Sie werden dann einen unversorgten Teil Ihres Lebens mit Wohlstand versorgen können, wenn Sie das Prinzip verinnerlicht und verstanden haben – und danach leben:

Ich verdiene es, ich kann es, es paßt zu mir!

Das Mangelbewußtsein

Obwohl ich ungern darüber schreibe, möchte ich eine Warnung nicht versäumen: Gehören Sie zu den Menschen, die noch immer die Walze drehen: »Ich bin ein armer Teufel, vom Pech verfolgt, vom Leben vernachlässigt, von den Menschen übersehen, vom Leid gezeichnet und von allen guten Geistern auf ewig verlassen!«, haben Sie zwei Möglichkeiten: Sie belassen es bei der alten Leier und bleiben bei Ihrem kargen Leben, das aus Mangel, Einschränkung, Krankheit und Einsamkeit besteht, oder Sie machen noch heute mit Ihrem Gejammer Schluß und legen auf der Stelle Ihr Mangelbewußtsein ab. Es ist das einzige Bewußtsein, das sich die meisten Menschen ohne Anstrengung und Übung zulegen, und es wirkt genauso prompt und (un)gut wie das Erfüllungsbewußtsein. Bitte überdenken Sie diesen Satz – fragen Sie sich gleich jetzt:

»Habe ich ein Bewußtsein der Einschränkung, des Mangels, des Unglücks?« Erkennen Sie, wie prächtig (und traurig) es sich in Ihrem Leben manifestiert hat!
Eigenartig ist, daß Menschen sofort bereit sind zu glauben, alles Negative funktioniere einwandfrei und alles Positive nicht!

Praktische Vorstellungen des Wohlstands

Damit Sie nicht nur meine Vorhaltungen, sondern auch praktische Hilfe im Entwickeln des Wohlstandsbewußtseins erhalten, schlage ich Ihnen einige Übungen vor. Waren Sie krank und sind Sie noch immer damit beschäftigt, Ihre Selbstheilungskräfte zu aktivieren, tun Sie das so lange, bis Sie in sich neue Kräfte fühlen. Ganz nebenbei könnten Sie einmal pro Woche beginnen, Wohlstandsbewußtsein – mental – zu trainieren. Es ist eine ideale Ergänzung zum Körperdialog.
Sind Sie gesund und trotzdem am Boden zerstört, weil von Wohlstand weit und breit keine Spur ist, Ihr Mann oder Ihre Frau fremdgeht, der Chef von Kündigung sprach, die Kinder lausige Noten hatten, das Dach dringend gerichtet werden muß, der Hund weg ist und Sie Ihren Heuschnupfen haben, dann verzweifeln Sie bitte diesmal nicht, sondern raffen Sie sich unbedingt zur folgenden Übung auf.

Umfassendes Wahrnehmen

Diese Übung beginnt, Ihr Bewußtsein in den Zustand der »Wahrnehmung« zu bringen. Ich möchte Ihnen das erklären: Sie verlagern Ihre Aufmerksamkeit – im entspannten Zustand – in Ihr Energiefeld (in Ihre Aura) und befinden sich dadurch an einem Punkt, von dem aus Sie einen Überblick besitzen. Das heißt: Halten Sie über längere Zeit bewußt Ihre Aufmerksamkeit an einer bestimmten Stelle außerhalb Ihres Körpers konzentriert, werden Sie von dort aus, ohne störende Emotionen, viel leichter erkennen, was verhindert, daß bei Ihnen, in einem bestimmten Teil Ihres Lebens, Wohlstand ist.

»Bewußt das Bewußtsein verlagern« ist eine wichtige Übung, die Sie vielleicht schon aus meinem ersten Buch »Umarme Dein Glück« kennen (Seite 242). Ich werde sie hier selbstverständlich noch mal erklären, da diese für alle Situationen Ihres Lebens sehr wichtig ist. Sie ist der Einstieg, um holistisch (umfassend, mehrere Dinge gleichzeitig erfassend) denken zu können. Betrachten Sie eine Statue nur von einer Seite, beispielsweise nur von vorn, sehen Sie einen Ausschnitt, und Wichtiges kann Ihnen verborgen bleiben. Sie sollten drumherum gehen, damit Sie beurteilen können, was an dieser Figur, auch seitlich und von hinten, zu sehen ist. Erst danach sollten Sie sich ein Urteil bilden.

Nehmen Sie Menschen »wahr«

Diese Art und Weise der Beurteilung eines Menschen – seine Vorzüge, Fehler und Schwächen erfassen und sich erst dann eine Meinung bilden – ist sehr empfehlenswert. Wir schütteln einem fremden Menschen die Hand und legen oft sofort innerlich fest: »Ein Scheusal, den mag ich nicht!« Nach ein paar Wochen und einigen weiteren Treffen jedoch, erkennen wir, daß das Ekel ein wahrer Schatz ist. Umgekehrt gehen wir dem größten Blender auf den Leim, fallen auf seine frommen Sprüche herein, lassen dafür einen wertvollen Menschen links liegen und fallen durch

den Angeber prompt auf die Nase. Wir haben ihn nur aus »dem Bauch heraus« (aus der Empfindung) beurteilt. Natürlich hängt das mit der energetischen Ausstrahlung dieser Person zusammen, darauf habe ich Sie bereits im Abschnitt »Was Ihr Körper weiß« hingewiesen. Wenn die Energie eines Menschen nicht zu Ihnen paßt, ist er nicht unmöglich oder schlecht! Sehen Sie es so: Er sendet und empfängt auf einer anderen Welle als Sie. Sie kennen doch die Aussage: »Der liegt nicht auf meiner Wellenlänge!«
Deshalb sollten wir Menschen, besonders wenn wir viel mit ihnen zu tun haben, »von allen Seiten beleuchten«, bevor wir uns ein Urteil bilden.

Von allen Seiten beleuchten

Genauso sollten wir es mit allen Situationen unseres Lebens, die wichtig oder problematisch für uns sind und mit denen wir nicht zurechtkommen, tun. Es wäre wenigstens für die besonderen Vorkommnisse unseres Lebens wichtig, sie nicht nur aus einer Perspektive zu betrachten. Wir sollten sie von allen Seiten beleuchten, uns auch in die Rolle anderer Beteiligter versetzen und wahrnehmen, wie sie das Geschehen sehen, empfinden und bewerten. Wir sollten aus der Position der »Wahrnehmung« auf eine bestimmte Situation hinsehen und erkennen: Die richtige Art zu handeln ist hier, emotional zu reagieren (aus dem Bauch heraus). Ein anderes Mal ist es besser, gefühlsmäßig (aus dem Herzen) zu handeln, das nächste Mal ist intellektuelles Agieren gefordert (vom Verstand geleitet). Zumeist liegt die Lösung in einer Mixtur: Gefühl (Herz) und Verstand – oder Emotion (Bauch) und Gefühl (Herz) – oder wir brauchen alles, zu gleichen oder ungleichen Teilen...
Bis hierher habe ich die Erkenntnisse, die durch »inneres

Sehen« geschehen, nicht erwähnt. Ich bin da recht vorsichtig, denn nicht für alle Menschen ist »das dritte Auge« ein Begriff. Haben Sie dieses geistige Auge trainiert, wissen Sie, wovon ich spreche, und können es gezielt als Hilfe einsetzen.

Ich schweife jetzt bewußt vom Thema ab – da ich annehme, daß Sie ein wenig mehr über Ihr »drittes Auge« wissen wollen. Dazu einige Informationen: Unser drittes Auge ist dort, wo unser Stirnchakra liegt – und steht mit der Hypophyse (Hirnanhangsdrüse) in Zusammenhang. Es liegt einen Fingerbreit über der Nasenwurzel in der Mitte der Stirn und zwei Fingerbreit hinter der Stirn und gilt als das Zentrum unserer übersinnlichen Wahrnehmung. Es ist unser wichtigstes Instrument beim Visualisieren. Von dort aus schaffen wir uns unsere »Vorstellungen« – lassen Sie es mich so ausdrücken: unsere »Vorstellungen« von dieser und jener Welt! Konzentrieren Sie sich auf das dritte Auge (im entspannten Zustand), dann »erkennen« Sie. Ich möchte es einfacher ausdrücken: Sie machen sich von einer Situation ein inneres Bild, lassen Ihrer Phantasie freien Lauf und sehen plötzlich einen neuen Weg, neue Möglichkeiten, Ihnen leuchtet etwas ein!

Angeblich ist es wie mit unseren normalen Augen. Kommen wir auf die Welt, sind wir blind. Ein Baby lernt erst nach und nach, scharf zu sehen. Menschen, die lange in der Finsternis ausharren müssen, verlernen das Sehen. Genauso soll es mit dem dritten Auge sein. Wird es trainiert, lernt man »sehen«. Das könnte »Hellsehen« sein oder »die Aura sehen«. In dieser Hinsicht gebe ich Buchwissen weiter. Ich kann zwar sehr gut visualisieren, habe eine rege Phantasie und ein gutes inneres Vorstellungsvermögen, doch für das dritte Auge und hellsichtige Wahrnehmungen bin ich nicht der richtige Lehrmeister. Das fällt in die Welt esoterischer Lehrer. Zur Zeit muß ich mich noch auf meine zwei normalen Augen (und meine Brillen) verlassen.

Der höchste Bewußtseinszustand

Zurück zum holistischen Denken: Indem Sie Ihr Bewußtsein auf einen bestimmten Punkt über dem Kopf (das mag schon esoterisch genug für manche Leser sein) konzentrieren, gehen Sie in den »höchsten Bewußtseinszustand«. Hier eine Anleitung, wie Sie Ihr »Bewußtsein bewußt dorthin verlagern«:

Setzen Sie sich aufrecht hin (Sie brauchen keinen Alpha-Zustand), und schließen Sie die Augen. Konzentrieren Sie sich auf einen Punkt, der (als energetischer Kraftpunkt bekannt) etwas unterhalb Ihres Nabels, im Bauchinneren, liegt. Hier ist der Sitz Ihrer Emotionen, daher die Redewendung »aus dem Bauch heraus handeln«, wenn Sie emotional, also gefühlsmäßig urteilen.

Gehen Sie mit Ihrer Aufmerksamkeit und Ihrer vollen Konzentration weiter, in Ihr Herz. Dort sind Ihre Gefühle zu Hause. Wenn Ihnen das Herz übergeht, tun Sie aus ganzem Herzen etwas – so äußert sich Ihr Gefühlsleben: Sie empfinden!

Gehen Sie weiter in Ihr drittes Auge (wir lassen es nicht aus!), gehen Sie also mit Ihrer ganzen Konzentration an die Stelle auf Ihrer Stirnmitte. Es mag sein, daß Sie »erkennen«, Ihnen plötzlich etwas einleuchtet!

Zuletzt kommen wir zu unserem höchsten Punkt. Er liegt über unserem Kopf, in unserem Energiefeld. Sie finden ihn, wenn Sie sich die Verlängerung der Wirbelsäule vorstellen: Lassen Sie diese einfach weiterwachsen und machen Sie zwanzig bis dreißig Zentimeter über dem Kopf halt. Konzentrieren Sie sich jetzt auf diese Stelle außerhalb Ihres Körpers. Gehen Sie mit Ihrem Bewußtsein dorthin, und Sie erleben ein kleines Wunder! Sie machen, vielleicht zum ersten Mal, eine außerkörperliche Erfahrung. Von dort aus ist es Ihnen möglich – »wahrzunehmen«. All Ihre Emotionen, Gefühle, verstandesmäßigen Einsichten und intuitiven Erkenntnisse sind hier »unter einen Hut gebracht«. Falls Sie diese Bezeichnung als unpassend, schnoddrig und unspirituell empfinden, haben Sie recht; doch sie ist absolut zutreffend.

Weisheit

Das geflügelte Wort von der »Weisheit des Alters« meint nichts anderes, als daß die vielen Jahre eines Menschenlebens, mit den vielen erlebten Gefühlen, Erfahrungen, Empfindungen, Erkenntnissen, am Gipfelpunkt des Lebens, also im Alter, zur Weisheit führen (müßten) – Ausnahmen bestätigen die Regel. Weisheit tritt am höchsten Punkt des Lebens in Erscheinung, dann, wenn der Mensch auf alles, was das Leben dargeboten hat, blickt und daraus seine Erkenntnisse zieht. Er nimmt wahr – was wahr ist!
Einen weisen, alten Menschen als Lehrer zu haben, kann Jahre des Kummers und Lernens durch Leid ersparen. Wir schätzen unsere weisen Alten leider zu wenig – wir haben »nicht die Zeit dazu«.

Weise im Alltag

Ich habe mich mit dem kleinen philosophischen Ausflug nicht von der Realität entfernt, sondern werde Ihnen an einem alltäglichen Beispiel demonstrieren, wie notwendig, gut und empfehlenswert »weises« Handeln ist.
Haben Sie gerade erfahren, daß Ihre Kollegin ein scheußliches Gerücht, das jeder Grundlage entbehrt, über Sie ausstreute, ist es nicht empfehlenswert, sofort in das Zimmer der Dame zu stürmen, Ihr die volle Kaffeetasse über

die frische Frisur zu gießen, ihr das Gesicht zu zerkratzen oder sie mit Vorwürfen zu überschütten. Natürlich haben Sie jetzt nicht die Ruhe, sich hinzusetzen und sich zu entspannen. Doch in den Zustand der »Wahrnehmung« können Sie jederzeit gehen. Üben Sie, Ihr Bewußtsein ganz schnell in Ihr Energiefeld zu verlagern.

Nehmen wir an, Sie beherrschen das schon gut, oder Sie sind so weit, bereits über eine längere Zeitspanne Ihr Bewußtsein auf diesem höchsten Punkt halten zu können. Dann geschieht folgendes: Sie beginnen holistisch (umfassend, ganzheitlich, räumlich) wahrzunehmen und zu denken.

In unserem Fall bedeutet das, Sie denken nach: »Was war mein erster Eindruck, als ich das Gerücht hörte? Warum tat es mir weh? Fühlte ich ein Körnchen Wahrheit darin? Fühlte ich mich beleidigt, beschmutzt? Ist der Überbringer der Nachricht vertrauenswürdig, oder ist er eine alte Klatschbase? Was könnte der Grund für dieses dumme Gerede sein? Habe ich mir in dieser Hinsicht je etwas zuschulden kommen lassen? Welchen Grund könnte meine Kollegin haben, dieses Gerücht in die Welt zu setzen? Wer will mir schaden?« Es gibt sicher noch einige weitere Überlegungen emotionaler, gefühlsmäßiger und verstandesmäßiger Natur, die Sie sich stellen können.

Reagieren Sie aus dem Bauch heraus, würden Sie toben, die Kollegin schimpfend zur Rede stellen, Kaffeetassen werfen... Beleuchten Sie die Angelegenheit aus dem Herzen heraus, so kränken Sie sich, das Herz täte Ihnen weh, Sie würden weinen... Setzen Sie Ihren Intellekt ein, würden Sie sofort mit messerscharfen Argumenten die Aussage entkräften, Beweisführung und Zeugen verlangen...

Sind Sie in der »Weisheit der Wahrnehmung«, werden Sie überhaupt nichts Spontanes tun, sondern den Abend abwarten. Dann setzen Sie sich hin, gehen im entspannten

Zustand »in die Wahrnehmung«, machen sich ein umfassendes Bild, in das Sie alle Empfindungen, Gefühle und alles Wissen aus Ihrem Verstand einbringen. Lassen Sie sich Zeit. In Ihnen werden Emotionen aufsteigen, Sie werden wechselnde Gefühle spüren, der Verstand wird Ihnen Fakten liefern, und vielleicht ziehen innere Bilder aus Vergangenheit und Gegenwart, im Zusammenhang mit dem Vorkommnis, an Ihrem inneren Auge vorbei. Bleiben Sie in der Wahrnehmung – bis Sie wissen, was zu tun ist.
So fassen Sie die besten Entschlüsse, treffen die besten Entscheidungen, erkennen Ihre optimalen Möglichkeiten. In unserem konkreten Fall werden Sie am nächsten Tag, zur passenden Stunde, zur Kollegin gehen und Sie ruhig und gelassen um eine Aussprache bitten, ihr genau erklären, was und von wem Sie etwas gehört haben, und Sie um ihre Stellungnahme ersuchen. Sie sind dabei idealerweise wieder in der Wahrnehmung. War Ihre Kollegin unfair, wird sie durch Ihre Haltung und Ihr gelassenes Vorgehen beschämt sein. Stellt sich alles als dumme Tratscherei heraus, sagen Sie dem Lästermaul, was Sie von ihm halten.

Erkennen im Alpha-Zustand

Möchten Sie zu Wohlstand kommen, führt kein Weg daran vorbei, auch die wohlstandsverhindernden Gründe Ihres Lebens zu erkennen – wieder im Alpha-Zustand.
Sollten Sie nicht verstehen, warum ich Ihnen so oft den Alpha-Zustand empfehle, möchte ich Ihnen folgende Erklärung geben: Läuft das Rad Ihres Fahrrades sehr schnell, können Sie die einzelnen Speichen nicht erkennen. Je schneller es sich dreht, desto weniger erkennen Sie. Wird es hingegen langsam bewegt, können Sie die Stäbe der Speichen besser sehen. Läuft es ganz langsam, erkennen

Sie am meisten. Übertragen Sie das auf Ihr Bewußtsein, Ihr Denken beziehungsweise unser Gehirn, und Sie verstehen, wie wichtig es ist, die Gehirnströme zu verlangsamen. Ein typisches, trauriges Beispiel ist die Prüfungsangst. Durch die Aufregung arbeitet unser Gehirn auf einer viel zu hohen Frequenz (angeblich geht das bis 40 Hertz), und alles, was an Wissen angehäuft wurde, ist weg. Das Gehirn läuft zu schnell, der Arme kann sich an nichts erinnern, er kann zu wenig erkennen! Könnte der Prüfling bewußt seine Gehirnströme verlangsamen, stünde ihm sein Wissen wieder zur Verfügung.

Darum sollten Sie den Alpha-Zustand lieben lernen und die für Sie angenehmste Art herausfinden, ihn zu erreichen. Sind Sie nicht gerade am Siedepunkt und ein totaler Hektiker, versichere ich Ihnen, daß es genügt von zehn bis eins zu zählen, die Augen geschlossen auf die Stirnmitte zu richten und dabei langsam und tief zu atmen. (Sie brauchen dazu ungefähr zehn Sekunden.)

Mein Tip für überaus nervöse und unruhige Menschen: Aus Erfahrung weiß ich, daß auch diese den Alpha-Zustand (anfangs) sicher erreichen, wenn Sie meine »Felder der Farben« (siehe mein Buch »Umarme Dein Glück«, Seite 49), die Muskelentspannung oder eine andere Technik des Loslassens als Vorübung einsetzen. Dann genügen ein paar ruhige Atemzüge, während derer Sie die Augen aufwärts gerichtet halten, und Sie sind bestimmt im Alpha-Zustand.

Profis »ankern« sich, indem Sie am tiefsten Punkt der Entspannung einen Anker setzen (lehre ich in meinen Seminaren), der sie befähigt, jederzeit (durch die Auslösung des Reflexes) in den Alpha-Zustand zu kommen. Doch auch Sie werden bald nur noch ein paar Atemzüge brauchen, und schon sind Sie im Alpha-Zustand. Sie erkennen ihn am Wohlgefühl. Indem Sie langsamere Gehirnwellen produzieren, also mehr erkennen und erfassen und dabei am höchsten Punkt des Bewußtseins sind, verdoppelt sich die Möglichkeit des Wahrnehmens. Sie denken umfassend, mehrdimensional und weise. Sie sind zusätzlich in einem entspannten Bewußtseinszustand, der Sie Ihre Lebensumstände und Zustände viel besser erkennen läßt – auch was Ihren Wohlstand verhindert.

Eines meiner Ziele ist, Ihnen Ihre wahren Bedürfnisse erkennbar zu machen. Loszulassen von materiellen Rucksäkken, die Ihr Leben nicht »wohler«, sondern »schwerer« machen. Denn Wohlstand heißt auch, mit »leichtem Gepäck« zu reisen – eben das Richtige im Koffer zu haben.

Ich bin die letzte, die Ihnen einreden wird, daß Besitzlosigkeit Wohlstand bedeutet. Sie sollten jedoch das für *Sie* Stimmende Ihr eigen nennen.

Dazu kommen wir bald – und dazu brauchen Sie den Alpha-Zustand.

9. Kapitel

Im 9. Kapitel lesen Sie:

- Der Zustand der »Wahrnehmung«
- Mentaltraining: »Wohlstand in der Partnerschaft«
- Die mentale Übung: »Ich verdiene es, weil ...«
- Die äußeren Bedingungen sollten stimmen!
- Werden Sie sensibel für Chancen
- So finden Sie mit mentaler Hilfe den neuen Arbeitsplatz
- Ursache oder Zufall?
- Veränderung in bestehenden Partnerschaften
- Bedürfnisse und Voraussetzungen für Zweisamkeit
- Mentaltraining: »Den richtigen Partner finden«
- Achten Sie auf mentale Auswirkungen
- Liebeskummer – Hilfe im ersten Schmerz!

Geistige Übungen und mentales Training für Wohlstand

Ich beginne dieses Kapitel damit, Ihnen noch einmal die Abfolge der Übung zu erklären, mit der Sie jenen Zustand erreichen, den ich als »höchstes Bewußtsein« oder »den Zustand der Wahrnehmung« bezeichne. Idealerweise machen Sie jedes Mentaltraining in diesem Bewußtseinszustand. Sie sollten mit dieser Konzentrationsübung gut vertraut sein, bevor Sie mit dem mentalen Training beginnen.

Der Zustand der Wahrnehmung

Setzen Sie sich mit gerader Wirbelsäule in einen Sessel, der Ihren Rücken unterstützt. Legen Sie Ihre Hände auf die Oberschenkel und schließen Sie die Augen.
Beginnen Sie ruhig zu atmen und beobachten Sie so lange Ihren Atem, bis Sie sich entspannt fühlen. Sie können auch jede andere Entspannungstechnik zur Vorbereitung benutzen. Gehen Sie – auf die Ihnen angenehmste Art – in den Alpha-Zustand.
Nun konzentrieren Sie sich auf eine Stelle in Ihrem Bauch, ungefähr drei Fingerbreit unter dem Nabel. Dort sind Emotionen und Gefühle beheimatet. Haben Sie das Gefühl,

wirklich mit Ihrem Bewußtsein dort zu sein, dann bleiben Sie ungefähr zehn Sekunden an dieser Stelle.
Gehen Sie nun weiter und konzentrieren Sie sich auf Ihr Herz. Dort sind Ihre Empfindungen zu Hause. Halten Sie konzentriert zehn Sekunden Ihr Bewußtsein an dieser Stelle.
Gehen Sie weiter und konzentrieren Sie sich auf die Stelle zwischen Ihren Augenbrauen und ein Fingerbreit darüber. Dort ist der Sitz Ihrer Erkenntnis, auf die Sie Ihr Bewußtsein wieder zehn Sekunden voll konzentriert halten.
Stellen Sie sich nun vor, daß sich Ihre Wirbelsäule verlängert – genau darüber, ungefähr zwanzig Zentimeter über dem Kopf, ist der Punkt ihres »höchsten Bewußtseins«. Sie können von dort aus »wahrnehmen«.
Halten Sie nun Ihr Bewußtsein konzentriert auf diese Stelle außerhalb Ihres Körpers gerichtet. Tun Sie das, so lange Sie mögen.
Diese Übung ist als Konzentrationsübung und auch als Meditation zu empfehlen. Sie entspannen sich und lernen, sich (Ihr Bewußtsein) zu konzentrieren. Wenn Sie es beherrschen, blitzschnell an diesen höchsten Punkt zu gelangen und dort länger zu bleiben, werden Sie darin eine große Hilfe bei schnell zu treffenden Entscheidungen finden – Sie fällen keine einseitigen Entscheidungen mehr, sondern allumfassende. (Wer hierzu noch mehr lesen möchte, den verweise ich auf das 12. Kapitel in meinem Buch »Umarme Dein Glück«, und zwar besonders auf den Abschnitt: »So kommen Sie zur richtigen Perspektive«.)
Diese richtige Perspektive ist ein Schlüssel zu einem harmonischen Leben – denn viel mehr »Einsichten« führen Sie zu anderen »Ansichten«.
Andere Ansichten führen zu anderen inneren Bildern – und die prägen Ihr Leben ganz entscheidend.

Mentaltraining für »Wohlstand«

Übung: »Warum nicht?«

Gehen Sie in den Alpha-Zustand und dann in die Wahrnehmung. Bleiben Sie (möglichst) während der ganzen Übung mit Ihrer Konzentration an diesem Punkt. Stellen Sie sich nun die folgende Frage: »In welchem Teil meines Lebens fehlt Wohlstand am meisten?«

Sie sind in der Lage, entspannt und umfassend wahrzunehmen. Sie wissen entweder bereits, in welchem Bereich Wohlstand total fehlt (weil Sie es sich zum Beispiel aufgeschrieben haben), oder Sie nehmen jetzt wahr, wo der größte Mangel herrscht (Beruf, Partnerschaft, Finanzen oder ähnliches). Beispiel: Ich weiß/nehme wahr, daß im beruflichen Bereich (an meinem Arbeitsplatz, in meinem Beruf, in meinem Unternehmen) Wohlstand fehlt. Ich bin arbeitslos. Stellen Sie sich nun die zweite Frage: »Warum fehlt Wohlstand in diesem Teil meines Lebens?«

Nehmen Sie nun den Grund dafür wahr, warum es in Ihrem Berufsleben an Wohlstand fehlt. Mögliche Gründe: Ich bin fehl an meinem Platz und brauche eine andere Art der Beschäftigung; ich brauche eine bessere (andere oder spezifischere) Ausbildung; ich brauche eine andere Umgebung (andere Kollegen, andere Arbeitsbedingungen), um mit Freude arbeiten zu können; ich brauche mehr Verantwortung, damit ich besser motiviert bin; ich brauche eine andere Einstellung zu meinem Beruf (zu meinen Kollegen, zu meinem Vorgesetzten), um den Sinn meiner Arbeit zu erkennen. Ich bin arbeitslos: weil der Betrieb, in dem ich arbeitete, in Konkurs ging; ich keine gute Ausbildung hatte; ich wegrationalisiert wurde; ich als zu alt für meinen Beruf galt; ich keine Beziehungen hatte und so weiter.

Bleiben Sie so lange in der Wahrnehmung, bis Ihnen klar

ist: »Warum?« Das kann ein paar Sitzungen dauern, doch es lohnt auf jeden Fall!
Nehmen wir an, Sie erkennen: »Beruflicher Wohlstand fehlt mir, weil ich in meinem Beruf am falschen Platz bin.«

Übung: »Ich verdiene es, weil ...«

Erleben Sie, weiterhin im Alpha-Zustand und im höchsten Bewußtsein, das heißt in der Wahrnehmung, eine kleine Szene des Berufes, den Sie gern ausüben möchten. Sollten Sie keine Ahnung haben, welcher Beruf das ist, klären Sie das. Es gibt keinen Menschen, der nicht erkennen kann, was er gern und mit Freude machen würde und was ihm, von seinem Talent und seinen Anlagen her, liegt. Hilfe hierzu finden Sie im 7. Kapitel von »Umarme Dein Glück«: »Eigene Anlagen erkennen und sie richtig einsetzen«.
Die Szene, die Sie sich vorstellen, sollte signifikant sein, das heißt, ein fremder Mensch würde sofort wissen, wenn er Ihre Szene sehen könnte, worum es geht! Beispiel: Statt Bankangestellte(r) zu sein, würden Sie gern als Reiseleiter, der viel im Ausland ist, arbeiten. Sie sehen sich in Ihrer Szene am Strand mit einer fröhlichen Gruppe von Urlaubern (im Hotel, im Flugzeug, Schiff, Bus) und fühlen, empfinden, sehen das Wesentliche an diesem Job. Sie geben voll Begeisterung bekannt, was abends als Programm geboten wird, geben Ratschläge für den Aufenthalt, empfehlen Ausflüge und erklären den Ablauf des morgigen Tages.
Sie spüren Ihre Lebendigkeit, weil Sie machen, was Sie beglückt, hören, wie die Leute sich bei Ihnen für Ihre Arbeit begeistert bedanken, und spüren die Anerkennung der Gäste. Diese kleine Szene genügt. Sie beschließen sie nach mindestens drei Minuten bis höchstens fünfzehn Minuten, indem Sie sich laut oder leise (wichtig: voll innerer Überzeugung!) bestätigen: »Jawohl, ja, ich verdiene diesen Job und den dadurch möglichen beruflichen Wohlstand!«

Sollte, unserem Beispiel folgend, für Sie im Wege stehen, daß Sie keine Fremdsprache beherrschen, leuchtet Ihnen das sicher als Hinderungsgrund ein. Ich kann Ihnen keine Anleitung für Wunder geben, Sie werden nicht erwachen und Französisch sprechen – also lernen Sie gleichzeitig, bilden Sie sich fort, während Sie sich mental Ihren beruflichen Wohlstand schaffen. Sollte Ihnen als wohlstandsverhindernd klar werden, daß Ihnen die entsprechende Ausbildung für Ihren Beruf fehlt, Ihnen diese Beschäftigung dennoch aber sehr liegt, ist die Wohlstandsszene folgendermaßen zu gestalten: Sie erleben eine signifikante Szene Ihres Berufes, in der Sie durch Ihr Können, Ihre Perfektion und Ihre Begeisterung den Chef (die Kunden, den Klienten) beeindrucken.

Die äußeren Bedingungen

Wichtig: Fangen Sie mit dem Mentaltraining für das Wohlstandsbewußtsein an, und wenn Sie merken: »Mir fehlt die gute Ausbildung«, dann beginnen Sie sofort (gleichzeitig mit dem Mentaltraining!), Ihre Kenntnisse zu erweitern. Sie lernen während dieser Zeit des mentalen Bewußtseinstrainings wesentlich leichter und sind mit viel mehr Elan bei der Sache!

Idealerweise sollten bei Beginn der Mentalarbeit die notwendigen Voraussetzungen vorhanden sein. In jedem Fall empfehle ich Ihnen, Mentaltraining und Ausbildung gleichzeitig anzugehen, denn solange Sie wissen: »Ich bin ungenügend ausgebildet, der Konkurrenz nicht gewachsen«, verhindern Sie den Erfolg Ihres Trainings.

Halten Sie einen Monat lang täglich mindestens fünf Minuten Mentaltraining (im Alpha-Zustand und in der Wahrnehmung) durch, bin ich sicher, daß Sie von diesem Zeit-

punkt an nur noch mehr Offenheit für Ihre Chancen brauchen. Das Leben wird Sie genau dorthin führen, wo Sie finden, was Sie suchen. Es bringt genau den oder das zu Ihnen, wen oder was Sie brauchen.
Bekräftigen Sie jeden Tag zum Abschluß Ihrer Visualisierungsübung voll Begeisterung und Überzeugung: »Jawohl, ja, ich verdiene diesen wunderbaren Job (dieses Unternehmen, dieses Geschäft, diesen neuen Beruf, diese Stelle, meinen Aufstieg) und meinen beruflichen Wohlstand!«
Formulieren Sie die Bejahungen in Ihren eigenen Worten – so, wie es Ihrer Diktion, Ihrem Temperament und Ihrer Persönlichkeit entspricht.
Ich wiederhole noch einmal: Wenn Sie wissen, daß Sie für den Beruf, den Sie sich wünschen, keine Kenntnisse und keine Qualifikationen mitbringen, sind Sie nicht in der Lage, Ihren neuen beruflichen Wohlstand begeistert zu bejahen. Tun Sie also etwas dagegen!

Schaffen Sie die äußeren Bedingungen, erst dann glauben Sie: »Ich verdiene es!«

Ich gebe Ihnen noch ein weiteres Beispiel, damit Sie bei Ihrem Mentaltraining alles richtig machen: Wir gehen von der Annahme aus, daß Sie einen Beruf haben, der Ihnen Freude macht und für den Sie auch die erforderliche Qualifikation mitbringen. Sie verdienen jedoch viel zu wenig, weil man Ihnen in Ihrer Firma keine größere Verantwortung übertragen will, Ihnen nicht mehr Kompetenz zutraut und glaubt, daß Sie nicht mehr leisten können.
Mögliche Trainingsszene: Sie sitzen im kleinen Konferenzsaal mit den Damen und Herren des Vorstandes zusammen (oder nur mit Ihrem Vorgesetzten, dem Firmenchef) und referieren über die Lösung eines Problems, das unlösbar schien. Sie haben den Ausweg gefunden. Sie spüren die Hochachtung Ihrer Umgebung, empfinden die innere

Genugtuung über Ihre Spitzenidee, hören die begeisterten Worte des Vorstandsvorsitzenden (des Abteilungsleiters, des Chefs) und nehmen die anerkennenden Blicke der übrigen Anwesenden wahr. Oder: Sie haben ein neues Werkzeug erfunden, das einen Arbeitsvorgang vereinfacht, oder ... basteln Sie sich eine Szene, die zu Ihrem Beruf, zu Ihrer Branche paßt.
Durch das tägliche Spielen der Szene bekommen Sie endlich auch die richtige Ausstrahlung (denken Sie an die Gesetzmäßigkeit der Resonanz), und gleichzeitig wird Ihre Selbstsicherheit gefördert.

Sensibilität für Chancen

Haben Sie mit dem regelmäßigen Mentaltraining begonnen, beobachten Sie genau, was sich an Ihrer Arbeitsstätte oder in Ihrem eigenen Betrieb tut: Fängt man an, Ihnen anders zu begegnen? Kommen neue oder anspruchsvollere Kunden? Stellt man ungewöhnlichere Anforderungen an Sie? Welche Möglichkeiten bieten sich, Ihr Wissen und Können unter Beweis zu stellen?
Halten Sie Augen und Ohren offen. Geben Sie Ihrem Unterbewußtsein und den geistigen Gesetzmäßigkeiten die Chance, Sie zum Erfolg zu führen. Machen Sie zwar vollkommen richtiges Mentaltraining, werkeln aber auf Ihrem Arbeitsplatz oder in Ihrem Geschäft blindlings im gleichen Trott weiter, so übersehen Sie leicht die Wege, auf die das Leben Sie führen möchte!
Erwarten Sie nicht, daß der Chef Sie eines Morgens aus heiterem Himmel begrüßt, Ihnen sein Zimmer, seine Funktion und sein Einkommen anbietet – das fiele unter Wunder. Sie können jedoch zu Recht erwarten, daß er beginnt, Ihnen andere, verantwortungsvollere Aufgaben zu über-

tragen und Sie mehr und mehr nach Ihrer Meinung fragt, daß er Sie ersucht, an Besprechungen teilzunehmen, zu denen Sie sonst nie gebeten wurden.

Ein neuer Arbeitsplatz

Sind Sie zu Beginn des Trainings arbeitslos, bitte ich Sie: Seien Sie ganz und gar ehrlich zu sich, und nehmen Sie sich wirklich die Zeit wahrzunehmen:

»Warum habe ich meinen Job verloren?«

War meine Einstellung zur Arbeit schuld? War die Wirtschaftslage schuld? War die Firmenpolitik schuld? War ich gut, und wurde ich wegrationalisiert? War ich sowieso unglücklich in diesem Beruf? Habe ich die erforderliche Qualifikation? Fehlte mir die Motivation, weil ich diese Arbeit nicht mochte? Wurde ich durch Kollegen hinausgedrängt? War ich überqualifiziert und deshalb halbherzig bei dieser Arbeit?

Sollten Sie aufrichtig bejahen können, daß Sie Ihren Arbeitsplatz, Ihren Beruf mochten, die Kenntnisse stimmten, Sie gern in der gleichen Branche wieder arbeiten möchten, lassen Sie sich eine wunderschöne, signifikante Szene für diesen Beruf einfallen. Halten Sie nicht an einer bestimmten Firma fest! Engen Sie sich nicht mit der Vorstellung ein: Das muß die Firma XY sein, weil ich dort die Leute kenne, weil sie mit der U-Bahn gut erreichbar ist, weil es doch sonst keine Unternehmen dieser Branche in der Nähe gibt, weil . . .

Wenn Sie Ihr eigener Chef sein wollen, stellen Sie sich Ihr Mentaltraining genauso zusammen – lassen Sie auch alle Begrenzungen los, außer denen, die Sie sich setzen, weil

Ihnen Ausbildung und Begabung für das eigenständige Unternehmertum noch fehlen. Ich hoffe, Sie kennen sich selbst so gut. Wenn Sie wissen, daß Sie eigentlich gar kein Geschäftsmann/keine Geschäftsfrau sein wollen, weil..., und wenn Sie trotzdem mental ein gutes Unternehmen herbeirufen wollen, wird Ihnen das wahrscheinlich nicht gelingen – es sei denn, Sie bekommen durch das Mentaltraining auf einmal Geschmack an der Selbständigkeit.

Geben Sie dem Leben die Möglichkeit,
für Sie das Beste zu finden!
Zeigen Sie Vertrauen in Ihre geistige Führung.

Ursache oder Zufall?

Ich erzähle nicht gern von Menschen, die sich mir anvertrauten, sondern freue mich lieber mit ihnen, wenn sie erreichen, wonach sie sich sehnen. Ich verabscheue Selbstbeweihräucherung, denn ich zeige Hilfesuchenden höchstens einen Weg – wirklich geholfen hat sich noch jeder selbst.

Sollte sich jemand an einer Stelle in diesem Buch wiedererkennen, bitte ich um Verständnis, denn ich tue es nur, um Mut zu machen. Meine Leserinnen, Leser oder Seminarteilnehmer wissen, daß ich vor ihnen große Hochachtung habe, wenn Sie mental durchhalten und Erfolg erzielen. Jene Dame, von der ich hier erzähle, hat Verständnis dafür und gab mir ihre Einwilligung.

Sie schilderte mir ihr Problem so: »Ich bin zu alt, um noch einen halbwegs anständigen Arbeitsplatz zu finden (47 Jahre). Ich habe vor einem Jahr meinen Mann verloren und habe mich seitdem völlig durchhängen lassen. Während der letzten 25 Jahre habe ich außer Kindererziehung und Haushalt nichts getan. Ich kann keine Fremdsprache, einen Computerkurs habe ich abgebrochen, ich bin menschenscheu und gehemmt, kann niemand zu etwas überreden und weiß, daß ich mich in einer Fabrik todunglücklich fühlen würde. Trotzdem brauche ich Geld, denn meine Witwenpension ist zu gering, um halbwegs sorgenfrei zu leben. Darüber hinaus komme ich nie aus meiner depressiven Situation heraus, wenn ich mich weiter einsperre. Ich bin zwar ein gläubiger Mensch, trotzdem hadere ich jetzt mit dem lieben Gott, weil er mich so im Stich läßt. Putzen, das könnte ich«, sagte sie unter Tränen, »doch das mag ich nicht tun – und sonst bin ich unfähig.«

Ich forderte sie auf, mir einmal aufzuzählen, was sie gut kann. Sie schaute mich verdutzt an und meinte: »Na, kochen, aufräumen, bügeln, einkaufen, kranke Leute pflegen und einen Garten in Schuß halten, das kann ich besonders gut. Blumen sind mein Hobby, für die habe ich eine ausgezeichnete Hand. Dann noch Behördenwege erledigen und Besorgungen machen. Das wär's!«

Ich sagte spontan: »Könnten Sie sich vorstellen, einen Pfarrhof zu versorgen? Die Kirche mit Blumen zu schmükken, einen Pfarrhaushalt zu führen und die üblichen Besorgungen zu machen, die damit verbunden wären? Das alles könnten Sie perfekt! Und Berührungsängste mit der Kirche hätten Sie doch auch nicht!«

Sie lachte und sagte: »Sie haben Ideen! Doch Sie haben recht, da könnte ich alle meine Kenntnisse gebrauchen. Kennen Sie einen Pfarrer, der mich nehmen würde?«

»Nein«, sagte ich, »suchen Sie sich mental den Pfarrhof und einen netten Pfarrer dazu.«

»Daran kann ich nicht glauben«, sagte sie leise. »Ich glaube ja nicht einmal mehr an einen gerechten Gott.«

»Ich zeige Ihnen einen Weg. Wollen Sie ihn gehen, gut! Wenn nicht, auch gut! Es ist Ihre Entscheidung, und ich kann Ihnen leider nicht anders helfen.«
Ohne innere Überzeugung, mehr aus Höflichkeit, sagte sie zu, das Mentaltraining, so wie ich es ihr empfahl, zu versuchen. Sie verstand, worauf es ankam, doch sie meinte: »Ob ich glauben kann, daß ich einen schönen Posten verdiene, weiß ich nicht; daß ich dieses Mentaltraining kann, weiß ich; daß diese Art einer Beschäftigung zu mir paßt, glaube ich auch. Weil ich mich so sehr nach einer Arbeit sehne und ich so verzweifelt bin, werde ich mich bemühen, das Mentaltraining bestmöglich zu machen.« Als sie ging, war ich vom Erfolg ihrer Bemühungen nicht sehr überzeugt.
Nach zehn Tagen (!) rief sie mich aufgeregt an: »Frau Trixner, vorgestern kaufte ich an einem Gemüsestand Salat. Er wurde in eine alte Zeitung eingeschlagen. Wie magnetisch angezogen warf ich beim Auspacken einen Blick drauf. Ich sah eine Stellenanzeige: ›Pfarrhof sucht Wirtschafterin‹. Zuerst dachte ich, die Stelle ist sicher schon weg, weil die Zeitung fast eine Woche alt war. Ich bekam eine Gänsehaut, mir war so komisch dabei zumute, darum rief ich an. Fazit: Ich soll mich gleich vorstellen kommen. Nun, ich will es kurz machen: Nächsten Montag fange ich an. Ich kann es noch immer nicht glauben!«
Ich konnte es auch kaum fassen. In ihrem Fall freute ich mich besonders, denn Sie war so entsetzlich mutlos, depressiv und ohne Lebensfreude gewesen. Jetzt hat sie einen maßgeschneiderten Beruf, ist aufgeblüht und hat einen sehr netten Chef. Er ist heilfroh, so eine tüchtige, umsichtige Haushälterin zu haben. Alles nur Zufall?
Die Weisheit unserer Sprache sagt uns übrigens ganz genau, was das Wort »Zufall« bedeutet; nämlich: »Es fällt uns etwas zu« (das mag positiv oder negativ sein), weil wir es angezogen (verursacht) haben.

Es paßt zu mir!

Ein anderer Grund, wenn das Mentaltraining für Wohlstand nicht funktioniert, kann das innere Wissen, die Wahrnehmung sein: »Ich mag meine Arbeit nicht!«

Übung: »Paßt diese Arbeit, Beschäftigung zu mir?«

Eine Beschäftigung, die zu Ihrer Mentalität, zu Ihrer ganzen Persönlichkeit, zu Ihren Anlagen und Ihrem Talent, zu allen Ihren Wünschen und Vorstellungen im Widerspruch steht, blockiert den Erfolg. Nehmen wir an, Sie sind in einem Hotel als Empfangsdame angestellt. Zu den Anforderungen dieses Berufes gehört Organisationstalent. Sie sollten mit Mitarbeitern und Gästen gut umgehen können, ruhig und gelassen bleiben, wenn Hektik ausbricht, und nichts vergessen, wenn es rund geht im Haus. Sind Sie ein introvertierter Mensch, der leicht nervös wird und viel lieber in einem ruhigen Büro Schreibtischarbeit erledigt, ist es nicht klug, als Rezeptionistin, Managerin oder PR-Dame beruflichen Wohlstand mental vorauszuerleben. Sie werden, wenn Sie ehrlich zu sich sind, unglücklich mit dieser Arbeit sein!

Stellen Sie sich mental den idealen Beruf vor.
Dort finden Sie Wohlstand!

Wenn Sie am richtigen Platz sitzen (das richtige Geschäft, das richtige Handwerk betreiben), haben Sie die richtige Einstellung und Motivation, empfinden Sie Freude und Erfüllung bei der Arbeit, geben Sie gern Ihr Bestes! Dann verdienen Sie auch gut, weil Sie Hervorragendes leisten! Sehen Sie sich zum Beispiel als hochqualifizierte Bürokraft oder Büroleiterin, die verantwortungsvolle Arbeit gefunden hat, ohne dabei dauerndem Streß ausgesetzt zu sein.

Fiebern Sie voll Zuversicht dem entgegen,
was das Leben Ihnen anbieten wird!

Kündigen Sie nicht, wenn Sie mit dem Mentaltraining beginnen! Bleiben Sie auf dem Teppich! Erst, wenn Sie schwarz auf weiß Ihren Vertrag für den neuen Job in der Tasche haben, den Sie verdienen, weil Sie alle äußeren Anforderungen erfüllten, und der zu Ihnen paßt, weil Sie damit Freude haben, machen Sie den Schritt ins neue Leben.

Ich möchte Sie so gern davon überzeugen, daß Sie sich selbst immer am allermeisten im Wege stehen. Können Sie glauben, daß Sie im Berufsleben Wohlstand verdienen, und sind Sie aufrichtig bereit, dafür etwas zu tun – die äußeren Umstände schaffen und mentales Vorauserleben voll Zuversicht und Begeisterung durchhalten –, dann wird Ihnen geholfen.

Zerbrechen Sie sich nicht den Kopf darüber, wer hilft: Unterbewußtsein, Schicksal, Gott, Engel, ein Heiliger, Buddha, Jesus, die Schöpfung, das Leben ... Ist das wichtig?

Glauben Sie an sich –
und daran, daß Sie Wohlstand verdienen,
dann stellt er sich ein!

Bedürfnisse und Voraussetzungen für Zweisamkeit

Klappt es im Beruf, ist die Beförderung bereits greifbar, mehrt sich das Geld auf dem Konto, ist das Haus fertig gebaut und steht das Auto vor der Tür – und will der Herzenspartner nicht und nicht kommen, macht das Leben noch immer keinen richtigen Spaß. Denn in einem Bereich

Ihres Lebens fehlt Wohlstand noch: in der Partnerschaft! Genauso wie es unerfreulich für Frauen im Leben ist, wenn außen alles perfekt ist, aber im Innersten sich die Sehnsucht nach Zweisamkeit immer mehr bemerkbar macht – genauso traurig sind Männer, deren Herz für Zweisamkeit offen wäre, und doch ist weit und breit nichts Weibliches in Sicht. Während solcher Zeiten erscheint es den Frauen, als gäbe es plötzlich keine Männer mehr, und Männer verzweifeln: »Sind die Frauen blind? Alle übersehen mich!«

Ich möchte Sie wieder an meine drei Sätze erinnern, die ich nur ein wenig verändert habe: Verdiene ich (jetzt schon) den idealen Partner? Kann ich (jetzt schon) mit einem Menschen harmonisch zusammenleben? Paßt Partnerschaft (jetzt schon) zu mir?

Sie verdienen und bekommen den idealen Partner – wenn auch Sie als Partner ideal geworden sind. Sind Sie so weit? Voraussetzung ist, daß Sie sich mögen, gut zu sich sind und nicht erwarten, daß der andere für Ihr Glück, Ihre Zufriedenheit, Ihr Wohlbefinden in jeder Hinsicht zu sorgen hat...

Alles, was Sie von Ihrem Partner erwarten, sollten Sie in sich verwirklicht haben. Sie brauchen nur zum geistigen Gesetz der Spiegelung zurückzublättern und sehen, was Ihnen fehlt. Was Ihnen fehlt, wird Ihnen ein anderer Mensch nie wirklich geben können. Trotzdem suchen wir oft gerade bei einem *du* am eifrigsten – und darum klappt es auch in so vielen Beziehungen nicht. Sind Sie ein schüchternes Häschen und suchen Sie sich einen Mann, der für Sie die Welt erobern soll, kann es schon sein, daß Sie den tollen Hecht finden. Doch »Mister Superman« erobert nicht nur die Welt – er erobert meistens auch andere Frauen dazu.

Werden Sie so, wie Sie sich Ihren Partner wünschen, kommen Sie als König und nicht als Bettler zu ihm!

Zu der Frage »Kann ich mit einem Menschen harmonisch zusammenleben?« gibt es nicht viel zu sagen. Sind Sie mit sich im Frieden, ist in Ihrem Inneren Harmonie, dann können Sie auch mit einem Menschen harmonisch und friedlich zusammenleben. Um das zu erkennen, brauchen Sie bestimmt nicht in die Wahrnehmung zu gehen – das wissen Sie! Ein in sich ruhender Mensch ist im Zusammenleben ein wahrer Segen.

Warnung an die Damen: Verwechseln Sie einen Phlegmatiker nicht mit einem in sich ruhenden Mann. Der eine schläft jeden Tag im Bett mit der Zeitung ein. Der andere behält seinen Kopf, wenn Ihrer sich dreht – und schläft mit Ihnen im Arm ein!

Warnung an die Herren: Frauen, die zehn Minuten vor Theaterbeginn zu Hause noch ruhig die Haare zu waschen beginnen, sind nicht ausgeglichen und harmonisch, sondern unpünktlich und unzuverlässig! Suchen Sie sich eine andere Begleitung!

Bleibt noch die letzte Frage zu klären: Paßt Partnerschaft beziehungsweise ein *du* (jetzt schon) zu mir?

Es gibt Menschen, die sind geborene Singles und sollten es auch bleiben: ewige Herzensbrecher, eventuell Berühmtheiten der Kunst und des Showbusineß, Eigenbrötler, Neidhammel, Haremsliebhaber, aber auch Individualisten aller Art. Es gibt Damen und Herren dieser Kategorie, die sich sehr genau einzuschätzen wissen. Trifft sie trotzdem Amors Pfeil, so daß sie sich für einige Zeit nicht wiedererkennen, sind sie überrascht, daß *sie* plötzlich einen Partner »auf Händen« tragen. Es sei denn, er oder sie finden seinen/ihren Meister – dann gibt es dauerhafte Ausnahmen.

Trotzdem: Seien Sie vorsichtig, wenn Sie den einen wundersamen Übermann/-frau kriegen, den sonst bisher keine(r) bekam – er/sie könnte zu dieser Spezies gehören! Bei dem Typ erlahmen »die liebenden Arme« sehr bald, und

Sie müssen wieder auf den Boden der Realität zurück. Wenn Sie sich an so einen Solisten oder eine Solistin klammern, sollte Ihnen klar sein, daß *Sie* ihn oder sie ab sofort, auf *Ihren* Händen zu tragen haben – und all seine Sorgen, Probleme, die Ungerechtigkeiten der Welt, seine Schmutzwäsche und finanziellen Probleme, Disharmonien und sonstigen seelischen Wehwehchen natürlich auch.
Aber sonst nehme ich an, daß niemand Mentaltraining macht, um einen Partner zu finden, wenn er nicht der Meinung ist, daß die Zeit dafür reif ist und er Sehnsucht nach Zweisamkeit hat.

Bestehende Partnerschaften

Viele Menschen leben in einer Partnerbeziehung oder Ehe – doch »wohl« ist ihnen dabei nicht. Auch dieser Gruppe kann ich die Übung »wahrzunehmen« empfehlen. Die Fragen, die Sie sich im höchsten Bewußtseinszustand stellen sollten, sind genau die gleichen, die von den (noch) Alleinstehenden gestellt werden sollen:

Verdiene ich es? Kann ich es? Paßt es?

Verdiene ich die ideale Partnerschaft nicht, weil ich selbst (auch für mich!) noch kein idealer Partner bin? Was fehlt bei mir (in meiner Gefühlswelt), das ich im Außen bei meinem Partner suche und vermisse? Kann ich mit meinem Partner nicht harmonisch zusammenleben, weil ich selbst völlig disharmonisch bin? Warum bin ich im Ungleichgewicht? Bin ich harmoniesüchtig, und erwarte ich, daß mich mein Partner ins Gleichgewicht bringt? Paßt diese oder überhaupt eine Partnerschaft zu mir – und benehme ich mich wie ein Partner, oder lebe ich nur für mich? Wä-

re es besser, diese Partnerschaft zu beenden, weil ..., und würde es meinem Partner und mir nach der Trennung besser gehen?
Ich bin nicht sarkastisch: Doch so, wie für viele Menschen das Glück vor dem Traualtar beginnt, beginnt es für manche vor dem Scheidungsrichter! Ich weise in diesem Zusammenhang wieder auf die geistigen Gesetzmäßigkeiten hin! Sehen Sie außer der Trennung keine andere Lösung Ihres Partnerproblems, dann bemühen Sie sich, als Freunde und im guten Einvernehmen auseinanderzugehen. Ihre Zukunft wird sehr viel besser sein, wenn Sie einen neuen Freund im ehemaligen Partner gewinnen, als wenn Sie einen Feind zurücklassen.

Mentaltraining »Den richtigen Partner finden«

Um einen Partner mental anzuziehen, ist es unnötig, ja nicht einmal sinnvoll, sich einen bestimmten Typ vorzustellen. Was Sie klären sollten, ist die »Energie«, die dieser Mensch repräsentieren soll. Damit meine ich, daß Sie innerlich erfühlen sollen, welche Eigenschaften Sie an Ihrem Traumpartner mögen: Zärtlichkeit, Fürsorge, soll er ein Kumpel oder eher jemand zum Aufschauen sein, nicht zu überschwenglich oder sehr emotional, sehr selbständig oder eher anlehnungsbedürftig, energisch oder romantisch, musisch, introvertiert oder extrovertiert, sportlich, sehr gebildet oder eine eher schlichte Natur und so weiter.
Damit wir uns recht verstehen: Alle erwünschten Eigenschaften sollten Sie nicht nur im Partner suchen, sondern diese bereits selbst haben und sie leben, dann ziehen Sie nach dem Gesetz der Resonanz den richtigen Partner mit diesen Eigenschaften an – natürlich noch viel schneller, wenn Sie das Mentaltraining durchführen. Sie verstärken

damit die Frequenzen, auf denen Sie senden und empfangen!

Ich empfehle Ihnen: Ziehen Sie nicht blockierende Grenzen, indem Sie genau den Typ visualisieren, der graue Schläfen, schwarzes Haar, blaue Augen, Schuhgröße 43 und einen Modeberuf hat.

Egal ob Sie sich einen (neuen) Partner wünschen, in einer disharmonischen Beziehung leben, die wieder liebevoll und partnerschaftlich werden soll, oder eine andere Form des Zusammenlebens möchten: Damit Sie und Ihr Partner sich »wohl« fühlen, gestalten Sie das Training folgendermaßen:

Denken Sie sich eine signifikante Szene für das Bild »glücklich gelebte Partnerschaft« aus.

Beispiel: Sonntäglicher Frühstückstisch; Sie kommen aus dem Bad, fühlen sich frisch und munter und begrüßen Ihren Partner – Mann/Frau, Freund(in), Lebensgefährten(in) –, der bereits am Tisch auf Sie wartet und Ihnen gerade den Kaffee einschenkt. Allein in diese kleine Szene können Sie jede Menge Emotionen (Energien) packen: Fürsorge (er schenkt Ihnen die Tasse voll), liebevolle Morgenbegrüßung (in allen Variationen), Sie fühlen sich glücklich, weil Sie beim Anblick des Morgenrituals Intimität, Zusammengehörigkeit, Liebe, Dankbarkeit und Stolz auf diesen Partner spüren. Sie essen, schauen Ihrem Gegenüber immer wieder in die Augen, er nimmt Ihre Hand in seine, spricht mit Ihnen ... lassen Sie sich alles sagen und sagen Sie alles, was Sie sich von einer Beziehung erträumen.

Eine Szene, die nicht lange dauert und trotzdem alles beinhalten kann, was Sie sich vorstellen, um in einer »wohligen« Beziehung zu leben. Sie brauchen ein wenig Kreativität, Sensibilität für Ihre wahren Bedürfnisse in dieser Hinsicht, Durchhaltevermögen beim Mentaltraining – und Glauben an Ihr Glück!

Sie gehen nun in den Alpha-Zustand und dann in die Wahrnehmung. Halten Sie (möglichst) Ihre Konzentration während der ganzen Übung an diesem Punkt. Lassen Sie nun Ihre maßgeschneiderte Szene einer glücklichen Partnerschaft ablaufen. Geben Sie viele liebevolle, zärtliche, beglückende Emotionen hinein, spüren Sie die »Energien des Wunschpartners« und erleben Sie die Qualität einer neuen Beziehung.
Haben Sie Ihre Vorstellung beendet, bejahen Sie aus dankbarem, begeistertem Herzen: »Jawohl, ja, so ist die Partnerschaft, die ich verdiene und die zu mir paßt!« Durch die Bekräftigung »die ich verdiene und die zu mir paßt« werden Sie sehr sensibel für eine hohe Qualität der Beziehung! Denn Sie werden sich bestimmt keine traurige, gleichgültige, haßerfüllte oder lieblose Partnerschaft verdienen wollen – und passen wird Ihnen so eine Beziehung auch nicht.

Mentale Auswirkungen

Wenn Sie in einer unglücklichen Beziehung leben und diese mental verbessern wollen, kommen Sie hoffentlich nach dem Mentaltraining und Ihrem guten Bewußtseinszustand nicht zurück wie immer und gehen ins Zimmer nebenan zu Ihrer Frau oder Ihrem Mann und granteln genauso weiter wie bisher! Tun Sie das, wäre es besser, Sie geben den Partner frei, denn Sie erwarten Änderungen nur vom anderen. Das ist Nehmen ohne Geben – und stört die Harmonie der Schöpfung!
Mit dem Mentaltraining geht immer die Änderung des eigenen Charakters, der eigenen Handlungen, des eigenen Benehmens, der eigenen Unzulänglichkeiten einher.

Ihr Partner verändert sich durch
Ihre starke Ausstrahlung *Ihrer* positiven Impulse!

Leben Sie in einer Beziehung, die Sie zum Besseren hin verändern möchten, oder haben Sie einen Partner, der Sie wegen eines anderen Menschen verlassen will, möchte ich Sie auf etwas ganz Wichtiges aufmerksam machen: Wenn Sie mit diesem Training beginnen und wenn Sie selbst im Außen auch so liebevoll, fürsorglich, großzügig, ehrlich und umgänglich sind, wie Sie sich den Partner wünschen, bekommt er genau diese Schwingungen besonders stark (mental) zu spüren. Ist er nun offen für die Schwingungen Ihrer Liebe, Harmonie, Fürsorglichkeit, Großzügigkeit, Ehrlichkeit, so wird sich sein Verhalten Ihnen gegenüber verändern. Sie merken, daß er allmählich anders wird. Sehr oft kommt es zu einer klärenden Aussprache. Beide lernen wieder aufeinander zuzugehen, miteinander zu reden, sich ihre Gefühle zu zeigen.

Sollte es der Fall sein, daß seine Energien überhaupt nicht zu den Ihren passen, kommt es unweigerlich zur Trennung. Der andere fühlt sich nämlich durch Ihr »mentales Bombardement« so unwohl, daß er wahrscheinlich auf Trennung drängen wird. Sie passen einfach nicht zueinander! Deswegen ist er oder sie nicht schlecht, und es geht deswegen die Welt nicht unter – auch wenn Ihnen das momentan so erscheinen mag. Dieser Partner lebt leider auf einer völlig anderen energetischen Ebene als Sie – meistens sogar bereits auf der Ebene eines anderen, passenderen Menschen.

Lassen Sie ihn, wenn möglich im guten, gehen. Das ist leichter gesagt als getan, ich weiß! Trotzdem versichere ich Ihnen: Klammern hilft überhaupt nicht! Es blockiert Ihre Energien, kann Sie bis zur schweren Krankheit schwächen und veranlaßt den umklammerten Partner nur vermehrt zur Gegenbewegung. Lassen Sie freiwillig los, und den-

ken Sie daran: Keine Erpressung! Doch lassen Sie die Chance einer fairen Gütertrennung nicht ungenutzt vorbeigehen.
Ging etwas zu Ende, das sehr weh tat, gebe ich Ihnen jetzt einen sehr liebevollen Rat: Investieren Sie Ihr Mentaltraining nicht in die alte Beziehung, sondern in eine neue; Sie kommen so viel schneller von Ihrem Schmerz, von vergangenem Leid, von Trauer, von Kränkung und von allen Rachegedanken weg und finden bestimmt wieder einen anderen Menschen. Trifft Ihre Seele »auf den Richtigen mit der gleichen Wellenlänge«, erleben auch Sie Ihren erträumten Beziehungswohlstand. Ich wünsche Ihnen den Himmel auf Erden mit einem Partner und trotzdem die Kraft, »Sie selbst zu bleiben«!

Liebeskummer

Ein gebrochenes Herz tut weh wie körperlicher Schmerz »und ein paar Zentner Seelenqual dazu«, doch kaum jemand kommt ohne diese Erfahrung durchs Leben. Wir brauchen Erfahrungen zur Weiterentwicklung, und je besser wir uns selbst kennenlernen, um so seltener brauchen wir Liebeskummer zu erleiden.
Mein Training und meine Ratschläge sind es bestimmt wert, gelesen zu werden: Jede Form der Partnerschaft, jede Liebesbeziehung scheitert aus genau den gleichen Gründen wie die langjährige Ehe. Der offizielle Akt vor dem Standesamt und der Segen der Kirche ändern für mich nichts an den Gefühlen von Menschen. Selbstverständlich respektiere ich die Meinung vieler Christen, die die Unauflösbarkeit der Ehe hochhalten. Ich kann das Versprechen zu lieben, zu ehren und treu zu sein, bis »daß der Tod uns scheidet«, *teilweise* einhalten. Ich kann – freiwillig

oder aus Glaubensgründen – einem Menschen treu bleiben (auch wenn ich mir selbst untreu werde), ich kann ihn ehren bis zu seinem Tod, doch niemals kann ich einem Menschen versprechen, ihn auf ewig zu lieben! Der Mensch liebt, weil er Liebe empfindet, weil sein Bewußtsein plötzlich davon erfüllt ist. Leider ändern sich Gefühle und Empfindungen – sie gehorchen keinen Geboten.

Sollten Sie gerade Ihren ersten großen Liebeskummer haben, rate ich Ihnen: Halten Sie Ihren Schmerz nicht zurück! Lassen Sie Ihre Gefühle zu. Weinen Sie, toben Sie, klagen Sie, reden Sie sich alles von der Seele – jedoch auf keinen Fall beim verlorenen Partner! –, und dann beginnen Sie wahrzunehmen: »Was hat für mich in dieser Beziehung nicht gestimmt? Was hat mir gefehlt? Was habe ich beim Partner gesucht? Was habe ich von ihm erwartet? Wie bin ich gewesen? Was habe ich nicht gekonnt? Was paßte nicht zu mir?«

Bleiben Sie immer bei sich! Fragen Sie nicht: »Wie hat er ...? Was hat er ...? Warum hat er ...?« – Es geht um *Sie* und um *Ihren* Lernprozeß. *Sie* haben die Chance, *sich* jetzt weiterzuentwickeln, *Ihre* Bedürfnisse neu wahrzunehmen, *sich* selbst besser kennenzulernen, *sich* energetisch neu zu erschaffen!

Haben Sie Sehnsucht nach einer neuen (auch im Sinne einer energetisch neuen) Beziehung, kreieren Sie eine wunderschöne Szene Ihres neuen Beziehungswohlstandes, und gehen Sie mit Neugierde, Zuversicht und Offenheit an Ihr Mentaltraining!

Glauben Sie an Liebe!

10. Kapitel

Im 10. Kapitel lesen Sie:

- Die dritte Säule: Das Erfolgsbewußtsein
- Grenzenloses Denken – öffnet Sie für Erfolg!
- Was ist Intuition?
- Wie arbeiten unsere Gehirnhälften?
- Ein Wort stellt den Kontakt her: »Warum?«
- Die Übung für intuitives Erkennen
- Öffnen Sie Ihr Tor der internen Wahrnehmung
- »Drehen« und »Wirbeln« – kleine Ursache, große Wirkung!
- Vom Problem zur Lösung kommen
- Erfolgreich denken vom Ziel zum Ausgangspunkt!
- Lassen Sie Ihre Ideen sprudeln

Erfolgsbewußtsein

Sind Sie nun endlich zu Wohlstand (in jeder Hinsicht) gekommen, meinen Sie, zufrieden sein zu können? Stimmt – aber nur zum Teil! Wohlstand erhält sich nämlich nicht von selbst: Er wird durch Erfolg »wohler« und schöner! Sie können dem entgegenhalten: »Ich bin nicht so verrückt, mich dauernd anzustrengen. Ich habe meine Kenntnisse erweitert, erfolgreiches Mentaltraining gemacht, achte auf die Qualität meiner Gedanken und auf mein Verhalten – und will nun meine Ruhe! Ich habe genug getan – beruflichen, materiellen und partnerschaftlichen Wohlstand erreicht, was will ich also mehr?«

Das Leben bleibt nicht stehen –
wir sollten froh darüber sein.

Wäre dem nicht so, würde ein Teil der Menschheit auf Dauer im Unglück steckenbleiben, der Rest würde für immer lächelnd auf Glückswolken schweben. Wir würden uns nicht weiterentwickeln, und das Leben wäre höchst ungerecht und überaus eintönig! Ich möchte aber auch gleich mit dem Irrtum aufräumen, daß Erfolg immer untrennbar mit harter Arbeit verbunden ist. Das wurde Ihnen eingeredet; der Lehrer hat es gepredigt, der Vater bekräftigt, der Chef sagt es täglich ...
Doch so stimmt es ganz und gar nicht.

Erfolgreiche Menschen
halten Unmögliches für möglich
und tun es.
Sie denken ohne Begrenzungen.

Ohne Begrenzungen zu denken ist nicht anstrengend, sondern ungewohnt. Vor Ungewohntem haben wir Angst, und darum fahren wir auch auf der alten Denkschiene »Erfolg ist mit harter Arbeit verbunden«! Übrigens, hatten Sie schon einmal »Angst vor Erfolg«? Das passiert beispielsweise, wenn man instinktiv oder intuitiv weiß: »So (ungewöhnlich) sollte ich es in diesem Fall machen – das wäre erfolgversprechend!« Wir verlassen uns aber natürlich wieder auf unseren Verstand, der bei einer verqueren Idee sofort »Verrückt!« schreit. Wir machen es auf die »Gehirntour«, und der Verstand darf triumphieren. Erfolgreich waren wir zwar nicht – dafür aber »normal und unauffällig«.

Was ist Erfolg?

Erfolgreich zu sein heißt, ein bestimmtes Ziel oder einen gewünschten Endzustand zu erreichen. Das kann für jeden etwas anderes – und das in sehr vieler Hinsicht – bedeuten. Erfolg kann berufliche Spitzenleistung oder der anerkennende Blick eines Menschen sein. Erfolg kann fünf Kilo weniger Gewicht bedeuten oder das gelungene Werk eines Künstlers sein. Erfolg kann die Überreichung eines akademischen Titels oder ein einziger Schritt nach schwerer Krankheit sein ...
Erfolg muß nicht sichtbar und greifbar, er kann auch nur spürbar und fühlbar sein, er kann Erleben bedeuten oder Einsicht, Erleuchtung... Dieser Satz ist zwar abgedro-

schen, aber er stimmt: Erfolg hat viele Gesichter! In diesen Worten ist die tröstliche Feststellung enthalten, daß Voraussetzung für Erfolg keineswegs Genialität ist. Wie *wir* etwas bewerten und empfinden – das ist der wahre Maßstab für unseren Erfolg! Es kommt darauf an, wie wir etwas ansehen, wie wir über etwas denken. Gestatten wir uns, nur ein wenig anders, ungewöhnlicher, also verwegener zu denken und zu handeln, dann kommen wir dem Erfolg schon auf die Spur.

Ich glaube, Politiker waren schon immer verwegen in ihren Taten, wenn auch nicht immer im Denken. Ist eine politische Partei vor Wahlen in einer totalen Sackgasse gelandet, schwinden die Wähler, und fällt den verantwortlichen Köpfen nichts Gescheites mehr ein, so muß ein »Querdenker« als Retter in der Not her. Leider ist diese Spezies äußerst rar und wird meistens als Kuriosum betrachtet, denn wir vertrauen üblicherweise dem »Normaldenker«. Im Krisenfall darf so ein »Wahnsinniger« seine Ideen und Vorstellungen darlegen, und plötzlich erweitert sich auch das Denkvermögen der »Normaldenker«.

Erfolgreiche Mensch halten
»Undenkbares« für »denkbar«.
Sie denken »kreuz und quer«.

Ein Beispiel: Banken versteigen sich heute dazu, einen Geisteswissenschaftler einzustellen, damit er die »steifen Gedanken« ihrer Angestellten ein wenig »auflockert«. Können Sie den »verqueren Gedanken« eines Menschen nicht folgen, wäre es gut, nicht den anderen für verrückt zu halten, sondern sich seiner eigenen »Begrenztheit« bewußt zu werden. Die Frage, wie wir dazu kommen, »kreuz und quer« zu denken, wollen wir uns jetzt stellen.

Logisch und unlogisch

Wir besitzen nicht nur eine Gehirnhälfte, sondern zwei: links ist unsere Ratio, unser Verstand, unser wissenschaftliches Denken beheimatet, dort denken wir »logisch«; rechts sind unsere Gefühle, unsere musischen Talente, unsere Phantasien und unsere Intuition zu Hause, dort denken wir »unlogisch«.
Immer, wenn Sie sich sehr anstrengen, logisch zu denken, damit Sie ja nichts übersehen, Ihren Verstand strapazieren, bis er raucht, kämpfen und sich geistig plagen – verhindern Sie echten Erfolg. Sie blockieren den Fluß Ihrer Energien und der so wichtigen Intuition. Selbstverständlich können Sie mit Kampf und Schinderei auch viel erreichen – doch zu wahrem Erfolg kommen Sie, indem Sie Ihr *ganzes* Oberstübchen benutzen. Sie sollten Verstand und Intuition gut mixen, die Linkslastigkeit aufgeben und Ihre Wahrnehmungsfähigkeit, und damit Ihr Bewußtsein, grenzenlos werden lassen.
Alles, was Sie nicht laufend benutzen, verkümmert. Wenn Sie sich dauernd das rechte Auge zuhalten, wird die Sehkraft des linken stärker und die des rechten schwächer werden. Es tritt ein Ungleichgewicht ein. Niemand, der bei Trost ist, tut das. Ein paar Zentimeter höher machen wir genau diesen Fehler und verzichten dadurch auf die wichtigste Ressource für Erfolg: auf die Intuition.

Ein »rechter« Test

Mit einem kleinen Test können Sie sofort feststellen, ob Sie sich ausschließlich Ihrem Verstand zuwenden und Ihre rechte kreative Gehirnhälfte nur müde dahindämmert oder ob Sie »beidhirnig« agieren.

Entspannen Sie sich so lange, bis Sie das Gefühl haben: Mein Atem geht ruhig und ganz von selbst. Nun beobachten Sie, durch welche Seite Ihres Kopfes Ihr Atmen geht. Ich glaube, wie bei den meisten, links. Sie spüren also, wie Ihr Atem senkrecht durch die linke Gehirnhälfte zieht. Sie beatmen Ihren Verstand. Sollte das nicht der Fall sein, ist das toll – falls Sie nicht verkehrt gepolt, also Linkshänder sind. (Falls Sie Linkshänder sind, könnte es möglich sein, daß Ihre Gehirnhälften anders gelagert sind: also links ist kreativ, intuitiv – und rechts ist logisch, rational.) Machen Sie die Entdeckung, daß bei diesem Test Ihr Atem durch die rechte Hälfte Ihres Gehirns zieht, ist Ihr Denken derzeit »lateral« (kreativ, vielseitig, unbegrenzt).

Atmen Sie nun bewußt durch die rechte Gehirnhälfte. Sie werden merken, wie ungewohnt das ist und wie komisch es zieht, wie bei offenen Fenstern! Atmen Sie anschließend bewußt in die Mitte Ihres Kopfes ... das sollten Sie tun, so oft Sie daran denken. Machen Sie sich diese Art zu atmen (durch beide Nasenlöcher gleichzeitig) zur Gewohnheit.

An diese Übung schließe ich den Ratschlag: Haben Sie ein Problem zu lösen, möchten Sie, daß Ihnen (zum Beispiel während einer Sitzung) schnell etwas »Ungewöhnliches« einfällt, dann atmen Sie bewußt in die rechte Gehirnhälfte. Da unser Gehirn unseren Körper seitenverkehrt steuert, geht der Atem durch das rechte Nasenloch nach links und umgekehrt. (Hält man sich unauffällig das rechte Nasenloch zu, wird beim Atmen die rechte Gehirnhälfte mit Sauerstoff versorgt – auch ein Trick!) Auch für meditative Erfahrungen, Phantasiereisen, künstlerische Einfälle und unkonventionelle Lösungen ist rechtsseitiges Atmen ergebnisreich und abenteuerlich – wie eine Reise in unentdecktes Land! Probieren Sie es einfach aus – 26mal (nur durch das linke Nasenloch Luft geholt) ist angeblich die optimale Anzahl der Atemzüge, um Ihre Kreativität anzuregen.

Grenzenloses Denken

Nehmen wir das Beispiel eines Bewegungsunfähigen, der nach menschlichem Ermessen nie wieder einen Schritt gehen wird. Plagt sich dieser Behinderte auch noch so sehr – bevor er nicht geistig (mental) den Schritt über die Grenzen seines Verstandes getan hat, wird er sein Bein nicht einen Zentimeter bewegen können. Dieser eine Zentimeter ist das Ergebnis seiner kreativen, inneren Vorstellungskraft und des tiefen (unlogischen) Glaubens: »Ich schaffe es, wieder zu gehen!«

In diesem Kapitel möchte ich Sie dazu bewegen, einen oder mehrere Schritte über die Grenzen Ihres Verstandes hinaus zu tun, indem Sie sich Ihrer rechten Gehirnhälfte dankbar zuwenden und mir glauben, daß Erfolg viel Spaß macht. Vergessen Sie deshalb den Stammbuch-Spruch: »Erfolg hat auf die Dauer nur der Tüchtige.« Mein Spruch lautet:

»Erfolg hat jeder, der nichts für unmöglich hält!«

Tanken Sie »bleifrei«!

Schwereloser Kraftstoff für Ihr Gehirn kommt aus der rechten kreativen Gehirnhälfte – ganz im Gegensatz zu unseren oftmals »bleischweren Gedanken« des Verstandes. Sie brauchen nicht immer nur phantastischen Treibstoff benutzen – gut gemixt, je nach Bedarf, werden Sie sicher am schnellsten in Richtung Erfolg vorankommen.

Was wir mit unserem Verstand vermögen, darüber brauche ich mich nicht weiter zu verbreiten. Hier kennt sich jeder aus, da wir den Verstand viel zu oft, zur unpassenden Gelegenheit und zum falschen Zeitpunkt, benutzen. Es gibt

Situationen, in denen sollten wir uns ausschließlich »rechts« orientieren. Das ist immer dann anzuraten, wenn wir »ein Blackout haben«, »auf der Leitung stehen«, »nicht mehr weiter wissen«, »uns nichts mehr einfällt«, »wir auf den Kuß der Muse warten« und »auf Inspiration hoffen«.

Was ist Intuition?

Intuition ist das Geheimnis
erfolgreicher Menschen!

Ich bin nicht in der Lage, Ihnen eine genauere Definition zu liefern, obwohl ich mich mit Intuition besonders intensiv befasse. Sie ist etwas Faszinierendes, Phantastisches – und letztendlich ist es unmöglich, Unlogisches logisch zu erklären. Ich denke, damit habe ich mich präzise ausgedrückt – oder nicht?

Hörten Sie jemals eine »innere Stimme«? Hatten Sie einmal »so ein komisches Gefühl«? Überkommen Sie manchmal Vorahnungen? Erleben Sie in entspannten Minuten oft schöne Phantasien, Träumereien? Hatten Sie schon plötzliche Eingebungen? Fühlten Sie sich »erleuchtet«? Nun, dann wissen Sie genau, was Intuition ist.

Ein zaghafter Versuch einer logischen Definition: Intuition ist das Gegenstück zu unserem logischen, bewußten Wahrnehmungsvermögen, liegt in einem Dornröschenschlaf auf der rechten Gehirnseite und wartet auf unsere Zuwendung. Sie so bald wie möglich zu wecken, lohnt in jedem Fall. Ich versuche, Ihnen Intuition nun so darzustellen, daß Sie überzeugt sind, etwas sehr Wertvolles brachliegenzulassen, wenn Sie sich ihrer nicht bedienen. Denn Intuition ist ein Schritt zur Vollkommenheit Ihres Wesens!

Wie unsere Gehirnhälften arbeiten

In uns und um uns herum geschieht ununterbrochen etwas: Leben findet dauernd statt. Unsere zwei Gehirnhälften nehmen so auf, wie zwei grundverschiedene Menschen das gleiche Geschehen registrieren: unterschiedlich!
Stellen Sie sich Ihre rechte und linke Gehirnhälfte wie zwei Kameras vor, die ständig alles aufzeichnen, was um Sie herum vorgeht. Die linke Kamera, der Kanal »Logo«, nimmt auf, was wir sehen, hören, riechen, fühlen, schmecken und tasten, ordnet alles logisch und klar und übermittelt diese Eindrücke unserem Verstand. Der wiederum faßt diese Nachrichten in Worte und Konzepte, und wir können uns dadurch entsprechend verbal (sprachlich) äußern. Die rechte Kamera, der Kanal »Phantastico«, ist auf gefühlsmäßige Empfindungen, Musikalität, Tastsinn, intuitives und ganzheitliches Verstehen spezialisiert. Zum großen Unterschied zur linken (logischen) Gehirnhälfte kann sich die rechte, kreative Gehirnhälfte nicht sprachlich artikulieren. Das heißt, sie ist nicht imstande, uns Mitteilungen durch Worte zu machen. Sie kann mit uns nur durch Gefühle, Ahnungen, Symbole, Träume und Phantasievorstellungen kommunizieren. Sie wird deshalb auch als »stumme Seite« bezeichnet. Mich fasziniert, daß die von den gleichen Organen übermittelten Eindrücke rechts nicht geordnet weitergegeben werden, sondern anscheinend wahllos in unser »Unterbewußtseins-Archiv« hineingestopft werden. Es geht dort »genial schlampig« zu, wie im Atelier eines Künstlers. Verloren geht trotzdem nichts, denn bei passender Gelegenheit werden diese »Aufzeichnungen« genauso gefunden und kommen so sicher hoch, wie wenn ein Computer sie auf Abruf ausspucken würde. So ist eben nicht immer Ordnung der Weisheit letzter Schluß – auch wenn sie manchen Menschen etwas mehr anzuempfehlen wäre.

Die Arbeit der »stummen Hälfte«

Wir zeichnen mit der kreativen Kamera all das auf, was die Verstandesseite als unwesentlich, nebensächlich und unlogisch abtut oder einfach übersieht. Deshalb können wir davon ausgehen, daß jeder von uns ein gigantisches Archiv an gespeicherten Eindrücken, Erfahrungen und Wahrnehmungen besitzt.

Da uns die rechte Hälfte sprachlich nicht erreichen kann, versucht sie eben auf ihre Art und Weise mit uns in Verbindung zu treten. Wir, mit unserer üblichen Ausrichtung auf die Verstandesseite, sind taub geworden für die Signale unserer Intuition. Beschleicht uns während eines Gesprächs oder vor einer wichtigen Entscheidung ein ungutes Gefühl, haben wir eine warnende Eingebung, meldet sich unsere Ahnung – was tun wir dann? Wir denken: »Unsinn«, weisen die Hilfe unserer rechten Seite zurück, belächeln die Eingebung – und verhindern damit, erfolgreicher zu sein, leichter und besser unsere Ziele zu erreichen oder uns einer Gefahr rechtzeitig bewußt zu werden.

Die Gehirnforschung weiß heute, daß das intuitive System Wissen speichert, es nicht in Worte fassen kann und sich nonverbal ausdrücken muß. Wie diese Informationsaufnahme und Weitergabe funktioniert, konnte bisher noch nicht erforscht werden. Es gibt eben immer wieder menschliche Geheimnisse, die unsere Wissenschaft an ihre Grenzen erinnert!

Da wir vom Verstand her gewohnt sind, in klaren Worten Impulse und Anweisungen, Auskünfte und Ratschläge zu bekommen, sind wir blind, taub und gefühllos für die Hilfe der rechten Gehirnhälfte geworden. Keine klaren Worte – also unzuverlässig. Wir beachten ihre feinen Informationen nicht oder viel zu wenig. Dabei wird von erfolgreichen Menschen die Intuition als wertvolles Werkzeug akzeptiert und bewußt angenommen.

Wie erleben wir Intuition?

Der derzeitige Präsident von Amerika, Bill Clinton, sagte auf die Frage, wie seine Entscheidungen zustande kommen, unter anderem: »Ich glaube fest daran, daß die Intuition in undurchsichtigen, schwierigen Situationen eine wertvolle Hilfe darstellt. Ich habe sehr oft etwas entschieden, weil mir ›ein Gefühl sagte‹, wie ich mich verhalten soll – und eigentlich waren diese Entscheidungen immer richtig!« Also ist Intuition auch dem derzeit wichtigsten Mann der Welt eine willkommene Hilfe (abgesehen von der Hilfe, die ihm durch seine Hillary zufließt).

Denken Sie nur an Unternehmer, »die einen guten Riecher fürs Geschäft« haben; an erfolgreiche Bankleute »mit dem goldrichtigen Gespür für Geld und Aktienkurse«; an Manager »mit dem richtigen Sinn für Erfolgsstrategien«; oder an den Modeschöpfer »mit dem richtigen Gefühl für Trends«. Viele von ihnen geben ohne weiteres zu, ihre Erfolge nicht allein mit dem scharfen Verstand, sondern mit der »Gewußt-wie-Intuition« geschafft zu haben. Ihnen ist Intuition auch nicht erklärlich, doch sie nehmen sie an – und kultivieren sie! Künstler, die ohne kreative Inspiration nicht schöpferisch tätig sein könnten, stehen dazu und sind dankbar, »wenn sie die Muse küßt«, sich das »richtige Gefühl für Form und Farbe einstellt«, »die Worte wie von selbst fließen« oder »die Melodie einfach da ist«.

Lange Jahre haben wir uns von der Wissenschaft einreden lassen, daß erlerntes Wissen alles und unser Verstand allein seligmachend ist. Intuitives Wissen wurde in den Bereich negativer Esoterik gedrängt, und jeder, der »bei Sinnen war«, unterdrückte und ignorierte Ahnungen. Wenn Sie zu den linkslastigen Menschen gehören, die ausschließlich auf ihren Verstand hören, stolz auf ihre messerscharfen Gedankengänge sind, alles klar durchschauen, aber trotz ihrer »Gescheitheit« oft unerklärliche Verstimmungen haben, dann empfehle ich Ihnen den Versuch, sich Ihrer rechten Gehirnhälfte einmal über einen längeren Zeitraum zuzuwenden. Schon das bewußte Hinfühlen und Hinspüren, Beatmen könnte Ihren Zustand verbessern. Menschen, die mit ihrer kreativen Gehirnhälfte zu kommunizieren lernten, wurden dadurch ihre langjährigen unerklärlichen Stimmungstiefs los und versichern, daß sie sich heute so sehr auf ihre Intuition verlassen wie auf ihre Augen und Ohren.

Der »rechte« Frust

Nicht nur für Erfolg ist unsere »stumme Seite« zuständig, sondern auch für manche depressive Stimmung. Doch daran ist nicht die Beschaffenheit der rechten Gehirnseite, sondern sind wir selbst, durch unser Verhalten, schuld. Vielleicht kann ich einigen Lesern helfen, die öfter, ohne ersichtlichen Grund, in Seelenlöcher fallen, wenn ich ihnen folgendes erkläre:
Unser Wunderwerk Körper und im speziellen Fall unsere phantastische rechte Gehirnhälfte möchte uns stets helfen, uns Informationen übermitteln – und wir verstehen nicht! Da geht es unserer »stummen Seite« so wie uns, wenn wir einem Ausländer, der kein Wort unserer Sprache versteht und wir seine Sprache nicht, eine wichtige Mitteilung machen möchten. Wir reden mit Händen und Füßen, versuchen ihn vor einem großen Schaden zu bewahren – aber er zuckt nur verständnislos mit den Schultern und lächelt uns treuherzig an. In dieser Situation empfinden wir Hilflosigkeit und Frust. Unserer Intuition ergeht es genauso. Sie möchte warnen, helfen, zeigen – und findet keine Möglichkeit sich uns gegenüber richtig auszudrücken. Es ist erwiesen, daß die Frustration der rechten Gehirnhälfte die

Ursache vieler Depressionen ist, daß sie unbestimmte Angstgefühle, Gefühle der Hilflosigkeit und der Wut auslöst, an denen heute viele leiden und deren Ursache sie sich nicht erklären können!
Wenn wir die Zeichen unserer Intuition erkennen würden, wenn sie nicht mehr verzweifelt und erfolglos versuchen müßte, uns zu erreichen, zu warnen oder auf etwas aufmerksam zu machen – sondern wir statt dessen aufmerksam auf unsere Intuition hören, dann würden wir ganz andere, erfolgreichere und weisere Entscheidungen treffen. Wir würden lernen, die »nonverbale Sprache unserer inneren Weisheit« zu verstehen.

Die Frage *Warum?* ist die einfachste Möglichkeit, mit unserer Intuition in Verbindung zu treten.

Ich werde Ihnen anschließend die erste kleine Übung erklären, die Sie mit Ihrer kreativen Gehirnhälfte in Kontakt bringt. Vorausschicken möchte ich, daß Sie mit Ungeduld und Druck nichts erreichen. Geduld, Hinwendung und Gespür sind gefragt!

Intuitionsübung

Nehmen wir an, Sie bekommen in einer bestimmten Situation plötzlich ein Gefühl, das Sie nicht begründen können. Entgegen aller Logik läßt es Sie in Ihrer Entscheidung innehalten. Entspannen Sie sich, und fragen Sie:

Warum fühle ich so? *Warum* empfinde ich so?

Tun Sie nichts anderes, als dieses unbestimmte Gefühl immer wieder »hochkommen« zu lassen, und beharren Sie

auf der Frage *Warum?* Wichtig ist, in welcher Verfassung Sie die Frage nach dem *Warum* stellen, denn sind Sie aufgeregt, verwirrt und in höchster Eile oder Not, finden Sie kaum Zugang zu Ihrer Intuition. Innere Ruhe und Zeit zum Hinfühlen sind die besten Voraussetzungen für intuitive Erkenntnisse. Sicher ist: Je öfter Sie mit Ihrem intuitiven System arbeiten, desto bessere Antworten werden Sie bekommen. Arbeiten Sie mit Ihrer kreativen Hälfte regelmäßig, brauchen Sie keinen Alpha-Zustand und keine besondere Entspannungstechnik mehr. Allein die Wiederholung des Wörtchens *Warum?* wird intuitives Erfassen auslösen. Anfangs ist jeder verunsichert: »Kommen nun schon richtige Antworten oder kommt Unbrauchbares?« Die größte Hilfe, um das zu erkennen, ist Sensibilität und Aufmerksamkeit für unseren Geist und unseren Körper. Merken Sie nach einer erfühlten Antwort plötzlich, daß sich Körper und Geist auf eine sanfte Weise entspannen, dürfen Sie vertrauen. Es kann sich auch der berühmte »Aha-Effekt« einstellen, ein bekanntes Phänomen der Erleuchtung.
Die Frage *Warum?* setzen Sie immer ein, wenn Sie keine rationale Ursache für eine Stimmung oder ein Gefühl haben. Dann ist offensichtlich, daß Ihnen Ihre Intuition etwas mitteilen will!

Wie äußert sich was?

Haben Sie auf dem nächtlichen Heimweg das Gefühl: »Da schleicht mir einer nach – das könnte ungut enden!«, brauchen Sie Ihre Intuition nicht zu befragen – da ist selbstverständlich Vorsicht am Platz und nicht die Intuition gefragt. Nur wenn Sie »nicht sicher wissen, etwas ahnen, oder wenn sich ein Gefühl nicht verdrängen läßt«, ist es angebracht, auf Ihre Ahnungen, Stimmungen und unbestimmten Gefühle einzugehen. Indem Sie sich angewöhnen, in unklaren oder wichtigen Situationen sofort *Warum?* zu fragen, werden Sie allmählich immer stärkeren Zugang zu dieser wertvollen Quelle der Information bekommen. Ihre rechte Gehirnhälfte wird sich Ihnen dankbar offenbaren.

Intuition heißt, etwas zu wissen,
ohne zu wissen, warum und woher ich weiß.

Es ist ein Bewußtwerden oder ein Gefühl, das aus dem Nichts zu kommen scheint. Zuerst äußert sich Intuition nur unbestimmt und vage. Pflegen Sie die Gabe der Intuition, kann Sie so stark werden, daß Sie zu plötzlichen Erkenntnissen kommen, die einschlagen wie Blitz und Donner, oder Ihnen geht in Sekundenschnelle ein Licht auf. Damit verbunden ist die Lösung vieler vorher oft unlösbarer Probleme – geistiger und praktischer Natur. Sie werden, unabhängig von Wissen und logischer Erfahrung, Einsichten bekommen und Zusammenhänge erfassen, die Ihnen eine neue Art der Lebensführung erschließen.

Damit sind wir zum Aufbau des Erfolgsbewußtseins zurückgekehrt. Ich hoffe, ich habe Sie überzeugen können, daß Erfolg durch eine einzige grandiose Idee entstehen kann und daß er oft das Ergebnis eines einzigen kreativen Augenblicks ist.

Es würde den Rahmen dieses Buches sprengen, Ihnen die vielen Möglichkeiten darzulegen, wie Sie mit Ihrer Intuition optimal umgehen. Jeder Mensch hat ein anderes »Archiv« zur Verfügung, jeder hat seine ganz individuelle Art der besten Verbindung und Verständigung. Glauben Sie mir: Geduld bringt – auch in Ihrem Fall – ganz sicher nicht nur Rosen, sondern auch Erfolg! Lassen Sie sich in verworrenen Situationen helfen, lassen Sie sich bei unlösbaren Problemen helfen, fangen Sie damit unausgesproche-

ne (nonverbale) Signale von Menschen auf, nehmen Sie Wahrnehmungen entgegen, die Ihrem Verstand entgangen sind, und lassen Sie die Hilfe der Intuition bei allen schwierigen Entscheidungen zu.
Es geht Ihnen wahrscheinlich anfangs wie einem Nichtschwimmer. Wenn Sie ihm versichern: »Mach ein paar kleine Bewegungen, und das Wasser trägt dich!«, so wird er doch weiterzittern vor Angst. Es ist sinnlos, ihm ein Loch in den Bauch zu reden. Er sieht zwar den See mit all den Schwimmern, doch er ist überzeugt, daß er untergehen wird. Ihm fehlt der Glaube, der durch Erfahrung zustande kommt. Ist es dann so weit, und macht er endlich die ersten Versuche, gefolgt von der Erfahrung: »Mein Gott, Wasser trägt ja wirklich«, versteht er, wovon Sie ihn die ganze Zeit überzeugen wollten.

Intuitives Wissen ist wie Schwimmen,
Erfahrung bringt Sicherheit und Erfolg.

Das Tor der internen Wahrnehmung

Natürlich ist eine Grundlage für Erfolg auch logisches Wissen und Denken. Das Ideal ist, eine fließende Verbindung zwischen Verstand und Intuition zu schaffen, die rechte und linke Gehirnhälfte optimal zusammenarbeiten läßt. Bei meinen Vorträgen über Intuition veranlasse ich die Teilnehmer, sich während einer geführten Meditation vorzustellen, daß zwischen linker und rechter Gehirnhälfte ein »Tor der internen Wahrnehmung« geöffnet wird, das ab jetzt für immer offen bleibt. Durch dieses Tor hindurch bauen wir eine goldene Brücke: Sie spannt sich von der logischen, linken Hälfte zur kreativen, rechten Hälfte. Kommt von links ein gedanklicher Besucher, wird er rechts liebevoll aufgenommen – und umgekehrt. Dadurch findet im Laufe der Zeit eine immer bessere interne Verständigung der beiden Gehirnhälften statt.

»Brückenschlag«

Nach dieser Meditation bleibt den Teilnehmern das Bild dieser goldenen Brücke erhalten. Sie haben mit dem »Brückenschlag« ein Symbol für die Verbindung beider Hemisphären geschaffen. Zumindest bei anscheinend unlösbaren Problemen kommt die Erinnerung an die »ideenreiche stumme Seite«, und so werden Sie immer mehr zur ganzheitlichen Wahrnehmung gebracht. Sie profitieren nicht nur vom erfolgversprechenden Querdenken, sondern inneres Wissen wird nach und nach verständlicher, und es kommt immer mehr mediale Information. Es gibt Untersuchungen, daß Menschen, die ihre rechte kreative Gehirnhälfte genauso selbstverständlich wie ihre linke benutzen, jünger und gesünder werden und bleiben. Ich halte das deshalb für möglich, weil in diesem Fall beide Gehirnhälften besser durchblutet und gleichmäßiger trainiert sind.

»Drehen« und »Wirbeln«

Die zweite, sehr einfache Möglichkeit, beide Gehirnhälften in gleiche Schwingung und gleichzeitige Aktivität zu versetzen, erreichen Sie durch Drehen. Ich weiß nicht, wie bekannt Ihnen ist, daß die Drehung nach rechts, also im Uhrzeigersinn, fremde Energie aus dem eigenen Energiefeld hinausbefördert. Ist Ihnen schon aufgefallen, daß Kin-

der sich gern und viel drehen? Ihr gesunder Instinkt läßt sie das tun.
Heutzutage ist das natürliche Verhalten unserer Kinder zwar auch nicht mehr das, was es einmal war. Fünfjährige leiden, wenn sie ohne Computer spielen müssen. Auch Mami, Papi, Opa und Oma können ohne Fax, Mobiltelefon und sonstige elektronisch betriebene Geräte kaum auskommen. Daß wir Elektrosmog und anderen energetischen Unrat dadurch anziehen, sehen wir leider nicht. Daß wir ihn in unser Magnetfeld (Aura) ziehen, uns damit aufladen, halten viele für Unsinn. Es gibt Leute, die sich in die Behauptung versteigen, daß man sein Häuschen unbesorgt unter einer Hochspannungsleitung bauen kann. Jene »Fachleute«, die diese Worte gelassen aussprechen, bauen jedoch ihr eigenes Haus weit weg von jeder Elektrizität im gesunden, unelektrifizierten Grünen.
Unbelehrbaren tut der Kopf weh, der Schlaf bleibt aus, Verstimmungen stellen sich ein, die Nervosität steigt, und das Herz schlägt im Dreivierteltakt – doch was sie nicht sehen, daran glauben sie nicht. Es geht vielen Menschen gesundheitlich und emotional schlecht, und sie finden keine Erklärung dafür. Der Arzt rätselt auch an der Ursache herum, weil er nicht weiß, daß Opa dauernd sein Handy eingeschaltet in der Brusttasche des Sakkos spazierenträgt. »Nur für den Fall, daß ich plötzlich Herzbeschwerden bekomme und die Rettung brauche«, sagt er. Ich will Sie keinesfalls zurück zum Rechenschieber bringen, sondern Ihnen nur ein wenig Zurückhaltung bei der Benutzung von Elektronik ans Herz legen – und Ihnen beim Reinigen Ihres Magnetfeldes (Ihrer Aura) helfen.
Beobachten Sie Ihr Befinden, wenn Sie einige Zeit folgendes versuchen: Drehen Sie sich jeden Tag mindestens 21mal nach rechts (im Uhrzeigersinn) um die eigene Achse. (Bitte nicht auf einem Spannteppich drehen, der Sie noch mehr auflädt, weil er aus reiner Kunstfaser ist.) An-

fangs machen Sie das in ein paar Etappen – ein paar langsame Dreher und wieder Ruhe. Nach ein paar Stunden wieder ein paar; sobald Ihnen schwindlig wird, hören Sie auf. Sie können sich in jedem Alter drehen – schön gemütlich! Sind Sie das Drehen etwas gewöhnt, machen Sie es schwungvoller. Wirbeln Sie richtig herum, Sie bekommen so tatsächlich das Gefühl, daß sich durch die Zentrifugalkraft negativer, umfeld- und umweltbedingter, auch emotionaler Unrat von Ihnen löst. Sie werden sich zunehmend (gesundheitlich und emotional) besser fühlen. Versuchen Sie es!

Ich sitze beim Schreiben selbst sehr viel vor dem Bildschirm, habe leider noch ein paar Elektrokabel um mich drapiert und bin nach ein paar Stunden aufgeladen. Ich spüre das als inneres Vibrieren. Bemerke ich diese Aufladung, drehe ich mich mit viel Schwung, so lange bis ich mich »gelöster« fühle. Tue ich es nicht, und gehe ich »ungedreht« ins Bett, schlafe ich nach einem »Schreibmarathon« abends sehr schwer ein. Ich stehe dann sogar um drei Uhr früh auf, drehe mich – und es hilft. Um Ihre Gehirnhälften mehr aufeinander ein- und abzustimmen, sollten Sie sich nach links (also entgegen dem Uhrzeigersinn) drehen. Wir befördern dabei eigene Energie in unseren Körper und gleichen die Schwingungen der rechten und linken Gehirnhälfte einander an. Sie kommen dadurch in die Lage, umfassende, räumliche, ganzheitliche Wahrnehmungen zu erhalten und kreative Ideen zu entwickeln.

Meine Empfehlung: Drehen Sie sich zuerst nach rechts und reinigen Sie Ihr Energiefeld und dann erst nach links, um Ihre Gehirnhälften gleichzuschalten. Gewöhnen Sie sich zuerst einmal an diese ungewöhnliche Art der Bewegung. Einige Wochen lang – vielleicht wenn Sie von der Arbeit nach Hause kommen oder einfach, wenn Sie die Zeit, die Möglichkeit und das Bedürfnis haben – drehen Sie sich nur nach rechts. Nach zwei oder drei Wochen beginnen Sie, zum Abschluß ein paar Linksdreher zu machen. (Geht es Ihnen nur um die Erhaltung Ihrer Gesundheit, genügt es, allein die Rechtsdrehung zu praktizieren.) Ihr Körper mag diese Übung bald, sie ist so einfach, bringt viel Nutzen, und Sie werden zunehmend gern »durchs Leben wirbeln«. Leser, die die Tibeter praktizieren, machen die Drehbewegung ohnehin und wissen sie bestimmt zu schätzen. Egal wie alt Sie sind:

Machen Sie einen weiteren Schritt
über Ihre geistigen Grenzen –
indem Sie sich drehen!

Vom anstehenden Problem zur erfolgreichen Lösung

Ich möchte mit Ihnen nun den Weg von einem anstehenden Problem, dessen Bewältigung Ihnen unmöglich vorkommt, zur erfolgreichen Lösung gehen. Um welche Art von Herausforderung es sich handelt, ist eigentlich egal. Lösungen brauchen wir sowohl in geistiger, emotionaler und beruflicher Hinsicht. Selbstverständlich im partnerschaftlichen, zwischenmenschlichen und im rein materiellen Bereich. Ich werde Ihnen nun die Abfolge einer Übung beschreiben, die Sie immer mehr und mehr zu erfolgreicheren Resultaten bringt. Natürlich kommt es darauf an, wie regelmäßig Sie sich auf Ihre Intuition einstimmen und sie dadurch aktivieren. »Nur hier und da«, das ist, als ob Sie hin und wieder Ihrem Auge einen kurzen Blinzler gestatten. Öffnen Sie sich jedoch für Ihre »stumme Hälfte«, wird deren »Stimme« bald laut und verständlich für Sie werden.
Um erfolgreich ein Problem zu lösen oder einer geistigen Herausforderung gerecht zu werden, ist es nicht empfeh-

lenswert, vom Problem aus zu denken (wahrzunehmen, was zu tun ist), sondern vom Ziel aus.

Vom Ziel zum Ausgangspunkt

Nehmen wir an, Sie wollen in Ihrem Beruf einen Arbeitsvorgang optimieren und verkürzen. Stellen Sie sich als erstes die Frage:

»Wie stelle ich mir den erwünschten Endzustand vor?«

Ich nehme, für unser Beispiel, als angestrebten Endzustand an: Sie möchten Kunden schneller bedienen und dabei mögliche Fehlerquellen ausschalten, ohne deshalb in Zeitnot zu geraten. Wenn Sie nun nur »logisch« denken, bewegen sich Ihre Gedanken vom Ausgangspunkt zum Ziel, also vom Problem zur Lösung. Wollen Sie jedoch erfolgreich denken, stellen Sie sich den angestrebten Endzustand vor und gehen dann den umgekehrten Weg. Falls Ihnen das unvorstellbar und verrückt vorkommen sollte, haben Sie den Beweis, daß Sie zu linkslastig sind und noch nie den Mut hatten, Ihre geistigen Grenzen zu überschreiten.

Erfolgreiche denken vom Ziel zum Ausgangspunkt.
Sie denken unkonventionell.

Übung zur erfolgreichen Problemlösung

Um Ihre Ideen aufzunehmen, stellen Sie einen Kassettenrecorder bereit. Ist es Ihnen möglich, beginnen Sie damit, sich so lange nach rechts zu drehen, bis Sie sich »gelöst«

fühlen (oder einfach 21mal um die eigene Achse). Drehen Sie sich anschließend nach links. Beginnen Sie ganz langsam und steigern Sie, je nach Kondition, das Tempo. Sie sollten sich so lange links drehen, bis Sie einen leichten Schwindel fühlen; keinesfalls so lange, daß Sie in Sturzgefahr geraten! Setzen Sie sich nun an einen Platz, an dem Sie ungestört sind. Auch wenn Sie durch das Linksdrehen wahrscheinlich bereits im Alpha-Zustand sind, können Sie zur Sicherheit noch von neun bis eins zählen und dabei Ihre geschlossenen Augen auf den Mittelpunkt Ihrer Stirn richten.
Versuchen Sie von jetzt an, Ihren Atem mehr durch Ihre rechte kreative Gehirnhälfte zu schicken als durch die linke! Sie können sich als Vorbereitung auch das rechte Nasenloch zuhalten und 26mal *nur* durch das linke Nasenloch atmen – das aktiviert ebenfalls Ihre kreative Gehirnhälfte sehr stark.
Stellen Sie sich nun vor, daß sich zwischen rechter und linker Gehirnhälfte ein Tor öffnet, und sehen Sie dort eine kleine goldene Brücke hindurchführen. Konzentrieren Sie sich einige Zeit auf diese verbindende Vorstellung. Wenn Sie es können, visualisieren Sie Gedanken in Form von Männchen, Sternen, Pünktchen oder anderen Symbolen, die von links nach rechts und umgekehrt über die Brücke marschieren. Lassen Sie dieses Bild, nachdem Sie es sich gut eingeprägt haben, los. Es ist jetzt geistig gespeichert.
Machen Sie sich zunächst den erwünschten Endzustand bewußt! Für unser Beispiel nehme ich folgendes an: Sie sehen, wie eine Menschenschlange durch die neue Art der Abfertigung (nicht nachdenken, wie diese sein könnte!) sehr schnell kürzer wird. Sie nehmen außerdem die zufriedenen Gesichter Ihrer Kunden wahr. Sie registrieren die Geräte und technischen Hilfsmittel, die Ihnen dazu zur Verfügung stehen. (Nicht nachdenken, wie diese aus-

schauen! Sehen Sie einfach ein paar Blechgehäuse stehen.) Sie fühlen Ihre Erleichterung und die Genugtuung über Ihre Erfolgslösung! Lassen Sie diese Bilder langsam und genüßlich an Ihrem inneren Auge vorbeiziehen; gehen Sie zu bestimmten Bildern zurück, genießen Sie die Emotionen Ihres Erfolges.
Nun zur kreativen Problemlösung: Sie haben sich den erwünschten Endzustand vorgestellt (siehe oben) und das gute Endergebnis gesehen. Sie freuen sich über Ihre wunderbare Lösung, empfinden Freude, Dankbarkeit, spüren die Anerkennung Ihrer Kollegen und Vorgesetzten und die Genugtuung über die perfekte Zusammenarbeit Ihrer beiden Gehirnhälften. Auf gar keinen Fall sollten Sie den Fehler machen, krampfhaft nach dem »Ei des Kolumbus« zu suchen. Bleiben Sie ganz gelöst und träumen Sie vom erwünschten Endzustand vor sich hin ...
Stellen Sie sich nun vor, daß Sie eine bekannte Persönlichkeit sind und für eine Zeitung oder fürs Fernsehen interviewt werden. Eine nette Reporterin oder ein Journalist bittet Sie, zu erzählen, wie Sie zu dieser erfolgreichen Lösung kamen. (Schalten Sie den Recorder ein.) Beginnen Sie leise oder laut (auch hier sollten Sie selbst draufkommen, was für Sie besser ist) zu sprechen. Erzählen Sie, was Ihnen in den Sinn kommt, ohne sich darum zu kümmern, ob das Gesagte einen Sinn ergibt. Lassen Sie die Worte fließen ... (konzentrieren Sie sich zwischendurch immer wieder auf die rechte Gehirnseite.) Es kann sein, daß Ihnen nichts »einfällt« – und das ist überhaupt kein Grund zur Aufregung – das ist normal! Sagen Sie zum Reporter: »Tut mir leid, heute möchte ich dazu nichts mehr sagen, morgen weiß ich mehr.«

»Morgen weiß ich mehr!«

Das ist der wichtigste Satz bei dieser Übung. Sie sollten ihn

sogar ein paarmal sagen. Ich füge hinzu: »Ich bekomme noch zusätzliche Informationen.«
Dann recken und strecken Sie sich und kommen aus dieser kreativ-meditativen Übung heraus.

Lassen Sie Ihre Ideen sprudeln

Wenn Sie auf diese Art und Weise nach kreativen Problemlösungen suchen, kann ich Ihnen nicht sofort überragende Ergebnisse garantieren. Geben Sie sich bei Ihrer nächsten Herausforderung auf jeden Fall die Chance, »anders« zu einer genialen Lösung zu kommen: Es kann sein, daß Sie ein Wunder erleben und rhetorisch sofort zu sprudeln beginnen – und während Sie sprechen, haben Sie bereits das »Aha-Erlebnis«. Es kann sein, daß Sie später beim Abhören des Bandes die Jahrhundertidee anspringt. Es kann sein, nichts weiter passiert, als daß Sie sich entspannt haben. Doch bitte vergessen Sie in diesem Fall nicht den wichtigen Satz:

»Morgen weiß ich mehr.
Ich bekomme noch weitere Informationen!«

Damit haben Sie Ihrer kreativen Gehirnhälfte die Aufforderung zu helfen gegeben und Ihr Vertrauen ausgedrückt, daß Sie sich ihrer intuitiven Einfälle sicher sind. Deshalb setzen Sie sich morgen wieder hin und machen die gleiche Übung. Lassen Sie nach der Meditation dieses Problem völlig los. Nicht »den Kopf zerbrechen, wie die Lösung aussehen könnte«, denn mit zerbrochenem Kopf geht gar nichts. Sie kämen wieder dahin, nur Ihr logisches, intellektuelles Wissen aus der Verstandeshälfte zu benutzen. So entsteht nichts Geniales, sondern bestenfalls Logisches.

Meistens passiert während der Sitzung nichts. Sie haben Ihren Interviewer mit dem wichtigen Satz auf morgen vertröstet und das Problem losgelassen – und während Sie fünf Stunden später gerade den Tisch decken oder die Schuhe putzen oder das Auto ein wenig säubern, ist der Einfall oder die erfolgreichere Lösung da. Haben Sie das erste Mal Grund, begeistert auszurufen: »Ich hab' es!«, beginnen Sie, Ihre rechte Gehirnhälfte zu schätzen.
Ob Sie zehn Sitzungen brauchen oder nur eine, hängt von der vermeintlichen Unlösbarkeit des Problems ab, davon, wie vernachlässigt Ihre rechte Gehirnseite ist und wieviel Informationen (links und rechts) Sie zu einem bestimmten Problem in Ihren geistigen Archiven haben – und wie geduldig und locker Sie bleiben! Geben Sie sich und Ihrem Geist Zeit mit dieser Art der erfolgreichen Problemlösung vertraut zu werden, dann kommen Ergebnisse zustande, die nie und nimmer in ihrer Originalität, Einfachheit und Genialität vom Verstand allein getroffen werden können. Ist Ihnen »ein Licht aufgegangen«, oder »hat es gefunkt«, vergessen Sie nie Ihre stumme Gehirnhälfte zu loben und ihr zu applaudieren – und natürlich bedanken Sie sich auch bei der anderen Seite.
Ich kann Ihnen gar nicht genug ans Herz legen, nie, egal in welch auswegloser Situation Sie sind, zu sagen oder zu denken: »Ich weiß keine Lösung! Das ist unmöglich! Es hat keinen Sinn, ich finde keine Lösung! Es fällt mir nichts ein, das ist unlösbar!« Streichen Sie diese Sätze aus Ihrem Wortschatz, und gewöhnen Sie sich an, selbst auf anscheinend vollkommen verrückte, unmögliche Anforderungen, die an Sie gestellt werden, zu antworten:

»Ein wenig Geduld – es wird mir etwas einfallen!«

Dieser Satz sollte ebenfalls ein Schlüsselsatz Ihres Lebens werden – er prägt Ihr Unter- *und* Wachbewußtsein. Fällt

Ihnen ein Name oder ein Ort nicht ein, ist dafür *nicht* Ihre Intuition zuständig. Trotzdem sagen wir auch da, gewohnheitsmäßig: »Ich kann mich nicht erinnern!« oder: »Das habe ich vergessen« oder lapidar: »Das weiß ich nicht!«. Lassen Sie diese Verneinungen, denn Sie blockieren damit auch die Arbeit der logischen Seite. Der Trick, schneller zu logischem Wissen zu kommen, sich zu erinnern, ist, ein paarmal zu sagen: »Ich werde mich gleich erinnern« oder: »Ich werde es gleich wissen« und so weiter. Zur Unterstützung gehen Sie mit Ihren offenen oder geschlossenen Augen ganz auf die linke obere Hälfte Ihrer Stirnseite, also auf die logische Seite; dadurch kommt die Erinnerung an Ihr gespeichertes, logisches Wissen und Können viel schneller! Probieren Sie es aus!
Falls Sie anders gepolt sind als die Mehrzahl der Menschen, also Ihre kreative Gehirnhälfte (siehe »Test«) links haben, gelten für Sie selbstverständlich alle Übungen seitenverkehrt!

Unentwickeltes Entwickeln

Wollen Sie erfolgreich, egal in welcher Hinsicht, werden, halten Sie einfach alles Unmögliche für möglich. Gehen Sie den vielen Pessimisten, Übervorsichtigen, Dauerwarnern, Logikern und messerscharfen Intellektuellen bei Ihren Problemlösungen aus dem Weg. Glauben Sie daran, daß Sie viel mehr sind als ein Mensch, der, vollgestopft mit Wissen, nur durch Logik erfolgreich wird.
Brauche ich dringend eine Idee, und macht die Muse gerade einen großen Bogen um mich, erinnere ich mich daran, daß ich 95 Prozent meines Gehirns nur herumtrage und nicht benutze! (Sie aber auch!) »Nur Mut«, sage ich

dann zu mir, »ein paar Prozente mehr, und Einstein bekommt Konkurrenz!« Ich rate Ihnen, sich diese Tatsache mit dem Satz einzuprägen:

»Ich schaffe es – mit rechts!«

Durchbrechen Sie mit diesen Worten die einengenden Grenzen Ihres Bewußtseins. Ich bin der festen Überzeugung, daß wir bestimmt nicht so viel ungenutzte Gehirnmasse haben, um den Kopf auszufüllen. Vielmehr bin ich der festen Überzeugung: Da drinnen schlummert »Weisheit«, gegen die alles »Wissen« lächerlich und unbedeutend ist – zumindest wenn es um das Erreichen eines harmonischen, erfolgreichen, glücklichen Lebens geht.

11. Kapitel

Im 11. Kapitel lesen Sie:

- Das Selbstbewußtsein – die vierte Säule
- Welche Rolle spielen Sie?
- Sie sollten nicht spielen, sondern »sein«!
- Können wir ohne Rollen leben?
- Selbstvertrauen – der Glaube an mich
- Bescheidenheit? Zur rechten Zeit!

Selbstbewußtsein

Sie können gesund, wohlhabend und erfolgreich sein und trotzdem das Gefühl haben: Die Welt trampelt auf mir herum! Begreifen Sie sich nicht als Schöpfer all Ihrer Lebensumstände, fehlt Ihnen das Bewußtsein für Ihr Selbst, das ich als unseren geistigen Körper bezeichnen möchte. Dieser ist unabhängig von der äußeren Erscheinung, von Ansehen, Titeln und Reichtümern, und ich glaube, es ist sehr wichtig, daß wir ihn anerkennen, lieben und schätzen. Tun wir das nicht, bleiben wir ewig verletzbar, leicht zu kränken und werden nie in uns die Quelle des Lebens entdecken. Unzählige Möglichkeiten, unser Leben zu gestalten, stehen uns offen. Jeder von uns hat das Recht und die Macht sein Leben so zu leben, wie er es für richtig hält. Das heißt nicht, als Egoist rücksichtslos durchs Leben zu pflügen, sondern in sich hineinzuhorchen, um sich als Wesenheit, bestehend aus Körper, Geist und Seele, zu entdecken. Das setzt natürlich die Bereitschaft voraus, sich für sich selbst zu interessieren.

Wenige Menschen leben ihrem wahren Wesen gemäß. Jene, die das tun, sind für mich wirkliche Lebensmeister. Diese sind nicht immer ganz angenehm, denn sie sagen, was Sie meinen, tun, was zu tun ist – sie sind echt!

Ich möchte Ihnen nun einen Satz widergeben, der wahrscheinlich ewig seine Gültigkeit behalten wird: Goethe

sagte vor ungefähr 220 Jahren: »Viele wissen viel, sich selbst kennt niemand!« Er wußte sicher viel – doch ob *er* sich kannte? Ich glaube, das ist ein Problem, an dem wir alle knabbern.
Viele Menschen sind vollgestopft mit Kenntnissen und geisteswissenschaftlicher Bildung, und trotzdem geht es ihnen elendig. Sie sind Musterbeispiele für »schlafende Götter«. Würden sie inneres Erkennen und intellektuelles Wissen vereinigen, wären sie Meister. Was sind sie? Gescheite Leute, die bedeutende Rollen spielen!

Welche Rollen spielen Sie?

Kennen Sie sich? Sind Sie echt? Oder spielen Sie Rollen? Ich glaube, wir sind alle recht geübte Schauspieler und tun das, weil wir gelernt haben, auf unsere Umwelt »passend« zu reagieren. Wir bekamen Verhaltensmuster eingeimpft, und dadurch fällt uns gar nicht mehr auf, wie häufig wir uns anders geben, als wir sind. Uns der Unstimmigkeit unserer Handlungen und unserer Verhaltensweisen bewußt, spielen wir trotzdem uns und den anderen etwas vor.
Warum tun wir das? Haben wir zu wenig Selbstvertrauen, fehlt uns die Courage, zu unseren echten Bedürfnissen zu stehen? Trauen wir uns nicht, echt zu sein, weil wir Ängste haben, weil wir uns nicht blamieren wollen, uns nicht bloßstellen möchten, nicht ausgelacht werden wollen? Dabei bewundern wir doch Menschen, an denen wir Echtheit und innere Kraft erkennen und spüren. Wir haben vor diesen »Echten« größte Hochachtung. Seien wir ehrlich: Es gibt nichts Angenehmeres, als mit einem Gegenüber zu tun zu haben, bei dem wir genau wissen, »wie wir bei ihm dran sind«. Bei dem wir uns auf das verlassen können, »was er sagt«, weil wir wissen, »der meint es auch genau

so«. Er redet uns zwar nicht nach dem Mund, zeigt uns unsere Schwächen und ist also nicht immer angenehm, doch bei ihm haben wir das gute Gefühl der Stärke und des Vertrauens. Diese Leute haben wichtige Rollen in der Welt, doch sie spielen nicht Wichtigkeit, sie sind wichtig!

Nicht Spielen, sondern Sein

Um zu Selbstbewußtsein zu kommen, sollten Sie sich ruhig eingestehen, was Sie sich und anderen dauernd vormachen. Ich nehme mich da nicht aus – doch ich begann vor einigen Jahren damit, »selbst-bewußter« zu handeln. Werde ich gefragt: »Wie machen Sie das?«, antworte ich: »Machen Sie sich zuerst bewußt, welche Rollen Sie tagtäglich spielen. Beginnen Sie, auf Ihre körperlichen, geistigen und seelischen Reaktionen zu achten. Vermeiden Sie es, sich oftmals so ganz und gar ›unnatürlich‹ zu benehmen.«
Es ist amüsant, mich zu erinnern, welche Rollen ich bereits erfolgreich auf meiner »Bühne des Lebens« gespielt habe:
»Brave Schülerin«, obwohl ich manchmal das Bedürfnis hatte, das Heft zu zerreißen und es dem Lehrer an den Kopf zu werfen. Doch da ich eine »Brave« war, konnte ich doch unmöglich ...
»Liebende Ehefrau«, obwohl ich hin und wieder das Bedürfnis hatte, meinem Mann den Suppentopf an den Kopf zu werfen; ich will gar nicht fragen, was er manchmal gern mit mir gemacht hätte ...
»Geduldige Mutti«, obwohl ich, besonders während stressiger Zeiten, gern den ganzen Spielzeugladen zum Fenster hinausgeworfen hätte ...
»Nette Verhandlungspartnerin«, obwohl ich dem sturen Bock mir gegenüber am liebsten ins Gesicht gesprungen wäre ...

»Umsichtige Hausfrau«, obwohl ich hier und da das Bedürfnis unterdrücken mußte, das traute Heim in die Luft zu sprengen...

»Perfekte Gastgeberin«, obwohl ich an dem Abend gar nicht aufgelegt war und nichts als meine Ruhe wollte...

Erkennen Sie sich in einer ähnlichen Rolle wieder? Oder sind Sie schon so weit, dauernd authentisch zu sein und stets das für Sie Stimmige zu tun? Dann meistern Sie Ihr Leben bereits souverän und gehören zu den Menschen mit uneingeschränktem Selbstbewußtsein!

Leben ohne Rollen?

Selbstverständlich geht es nicht, dem Lehrer das Heft an den Kopf zu werfen, dem Partner den Suppentopf aufzusetzen, das Spielzeug der lieben Kleinen aus dem Fenster zu schmeißen, als Chefin heulend wie ein Klageweib herumzurennen, dem Gast die Tür vor der Nase zuzuschlagen... Doch emotionale Staus, die sich oft auf unangemessene Weise, zur unrechten Zeit und in einer falschen Umgebung entladen, sollten wir möglichst gar nicht entstehen lassen. Wenn wir uns unsere wirklichen Bedürfnisse bewußt machen, wir also »selbst-bewußt« leben, spüren wir nach und nach und immer mehr, was Harmonie ist. Damit meine ich, wir lernen, unserer wahren Wesenheit gemäß zu agieren und für jede wichtige Situation unseres Daseins sensibel zu werden. Der Weg dahin heißt »Spüren lernen«: »Wie fühle ich mich in dieser Situation? Was spüre ich, wenn ich so handle? Was fühle ich, wenn ich anders handle? Kommt Gelöstheit und Freude auf oder Spannung und Unwille? Spüre ich Angst in mir aufsteigen oder stellt sich Befriedigung ein? Erlebe ich dadurch Harmonie oder Unzufriedenheit?« Gehen Sie so mit sich um, dann kommen Sie in immer größere Harmonie mit sich selbst und natürlich, nach dem Gesetz der Resonanz, auch mit Ihrer Umwelt.

Durch innere Hinwendung werden
Sie selbstbewußter.

Damit Sie begreifen, was ich meine, ein Beispiel aus meinem Leben: »Die Rolle der perfekten Hausfrau«. Ich habe gelernt, meine Haustür für Besucher auch dann zu öffnen, wenn es nicht klinisch rein bei uns ist, und ich sage nicht mehr: »Sie dürfen bei uns aber nicht aufräumen!«, worauf der liebe Besuch dann immer mit dem Standardsatz antwortet: »Nein, tue ich bestimmt nicht!« und möglicherweise weitererzählt, wie es bei Trixners »ausgeschaut« hat. Erstens ist es mir egal geworden, wie ein Besucher meinen Haushalt beurteilt, zweitens ist es mir sehr wichtig, meine Harmonie nicht zu stören und drittens meinen inneren Bedürfnissen gerecht zu werden und das zu tun, was ich jetzt, in dieser Minute, als stimmig empfinde.
Bin ich müde, ruhe ich mich aus, und ich räume auf, wenn ich wieder erholt bin. Ich tue das, von dem ich innerlich spüre, daß ich dafür gerade »gut drauf« bin. Handhabe ich meinen Tagesablauf in dieser »selbst-bewußten« Weise, geht mir alles viel besser von der Hand: ich koche besser, räume schneller und mit mehr Schwung auf, bin kreativer beim Schreiben, habe mehr Kraft bei meinen täglichen Übungen, wende mich mit mehr Geduld, Einfühlungsvermögen und Freude meinen Mitmenschen zu und so weiter. Ich habe mir abgewöhnt, frustriert aufzuräumen, sondern räume nur noch dann auf, wenn ich dazu innerlich bereit bin. Wir sind seither nicht im Mist erstickt, und ich halte mich noch immer für eine passable Hausfrau. Falls das jemand anders sehen sollte, kann ich gut damit leben. Ich bin, Gott sei Dank, endlich selbstbewußt genug, mich

als Mensch in meiner Gesamtheit anzunehmen und mir »Unzulänglichkeiten« zuzugestehen. Ich gebe zumeist mein Bestes, weil ich mich von der Freude und anderen positiven Empfindungen führen lasse. Doch ich bin weit davon entfernt, perfekt zu sein, und habe erkannt, daß ich es gar nicht sein möchte.

Zur Zeit mache ich einen Bewußtseinsprozeß im Hinblick auf Kritik durch. Es ist nicht immer leicht, nicht gekränkt oder verletzt zu sein, wenn mein Ego einen Schlag versetzt bekommt: Ich mag meine Mitmenschen, gehe offenherzig auf sie zu – und stoße manchmal auf Ablehnung. Also lernte ich, in mein Innerstes zu schauen und mir einzugestehen: Da können dir hundert Leute dankbar die Hand drücken, doch sagt einer: »Sie sind mir zu unnahbar«, tut das weh – weil ich es, nach meinem Empfinden, nicht bin. Ich habe mir in dieser Hinsicht viel Innenschau verordnet, und letztendlich kam ich zu dem Schluß: »Ich brauche nicht jedermanns Darling zu sein, und jeder hat das Recht, mich zu sehen, wie er will.« Doch auch ich nehme mir dieses Recht heraus. Ich habe für mich geklärt, daß ich liebevoll (eben auf meine Art) bin – deshalb brauche ich bei Kritik in dieser Richtung nicht gekränkt oder verletzt zu sein. Ich fühle mich nicht betroffen durch diese Beurteilung. Mein gesundes Selbstbewußtsein im Umgang mit Menschen stabilisiert meine Harmonie, und ich verschwende keine unnötige Energie für Aufregung, Frust oder Selbstzweifel.

Dabei gehe ich über Kritik nie locker hinweg. Finde ich sie berechtigt, sagt mir mein Empfinden: »Ja, da ist etwas zu verändern«, versuche ich mich zu korrigieren – weil ich durch Erkenntnis das Bedürfnis bekomme, mein Niveau anzuheben. Ich verbessere mich, weil ich einsehe, daß mich konstruktive Kritik seelisch oder/und geistig (eventuell auch körperlich) weiterbringt. Dafür bin ich dankbar. Ich habe erkannt, daß ich vollkommen unvollkommen bin

– doch das macht überhaupt nichts. Ich mag mich (fast immer), stehe zu meinen Unzulänglichkeiten und Fehlern, und was für mich das Allerwichtigste ist: immer mehr zu meinen Bedürfnissen. Ich hatte Zeiten, während derer ich die Rolle der »stets Verfügbaren, immer Hilfs- und Opferbereiten« spielte. Ich half allen und zu jeder Zeit. Meine eigenen Bedürfnisse waren mir gar nicht mehr richtig bewußt. Erst durch das Verstehen geistiger Gesetzmäßigkeiten erkannte ich, daß ich mich selbst mißachtete, zu gering schätzte, mir viel zu wenig Aufmerksamkeit schenkte und darum im Außen nach Anerkennung suchte. Anerkennen Sie sich, und hinterfragen Sie Ihre seelischen, geistigen und körperlichen Bedürfnisse.

Geben Sie endlich sich selbst »Ihr Bestes«.

Dann werden Sie bald viel zufriedener und selbstbewußter und für Ihre Umgebung eine Quelle der Harmonie und Gelassenheit sein.

Selbstvertrauen

Mit Absicht stelle ich den Aufbau unseres Selbstbewußtseins an den Schluß meines Buches, denn wenn Sie Gesundheitsbewußtsein, Wohlstandsbewußtsein und Erfolgsbewußtsein – und sei es auch nur teilweise – entwickelt haben, ist dieser letzte Schritt nicht mehr so schwer. Ein ganz wichtiger Punkt, um selbstbewußt zu werden, ist aufrichtiges Vertrauen zu sich selbst. Dazu gehört, die eigenen Fähigkeiten, das, was ich besonders gut kann, was mir Freude macht, mir gut von der Hand geht, mein besonderes Talent ist, richtig einzuschätzen und beurteilen zu lernen. Habe ich mir mein Wissen und Können bewußt gemacht, glaube ich unerschütterlich daran und bin stolz auf diese Fähigkeiten. Sie sollten Ihrem Geist und Ihrer Seele Ihren Kleinmut und Ihre Wankelmütigkeit nicht dauernd zumuten. Sie arbeiten dann mit aller Kraft gegen das Bewußtsein Ihres Selbst, das geistige Wesen, das mehr ist als Materie und das in jedem von uns schlummert. Ich möchte, daß Sie verstehen, was die Aussage bedeutet:

Wir alle sind schlafende Götter!

Ich konnte mit dieser Weisheit lange nichts anfangen. Erst als ich mich auch als geistiges Wesen zu begreifen begann, wurde ich »munterer«. Denken Sie bitte nach, wie oft Sie Dinge tun wollten oder taten und dabei tief in sich das Gute und Rechte oder Ungute und Unrechte Ihrer Handlungen spürten! Das ist das Zeichen, wie wach Ihre Seele oder eben Ihr unendliches, wissendes Selbst ist. In diesem Geistwesen »Selbst« schlummert Weisheit, Erkenntnis, Wissen, Kraft und Stärke.

Unser Selbst hat Wissen!

Deshalb bemühe ich mich, diesem Wissen in mir immer mehr auf die Spur zu kommen. Wenden Sie sich auch nur ein paar Minuten täglich an dieses Selbst in sich, werden Sie überrascht sein, was Sie entdecken. Sie stoßen auf einen Ratgeber, dem Sie in jeder Situation Ihres Lebens vertrauen können. Sind Sie ohne Selbstbewußtsein und Selbstvertrauen, unterlaufen Ihnen traurige Fehler. Sie bringen sich um Anerkennung, Fortschritt und Erfolg, und es passieren Ihnen Dinge, wie in der folgenden Geschichte.

Eine Frau hatte es mit 35 Jahren bereits zu sehr viel beruflichem Erfolg gebracht. Darüber hinaus war sie attraktiv, gesund und wohlhabend. Sie war Personalchefin eines

mittelgroßen Industrieunternehmens, und ihr persönliches, großes Anliegen war mehr Umweltbewußtsein für »ihr Unternehmen«. Ihr Traum war, in den Aufsichtsrat berufen zu werden, um beim Umweltschutz im Unternehmen ein Wörtchen mitreden zu können. Bisher bestand der Aufsichtsrat nur aus Männern, und sie war der Meinung: »Die haben einfach zu wenig Umweltbewußtsein.« Sie war sich ziemlich sicher, daß sie ab kommendem Jahr die Berufung in den Aufsichtsrat zu erwarten hatte. Sie freute sich sehr, denn sie war eine Idealistin und hatte schon eine ganze Reihe umweltschützender Maßnahmen zusammengestellt und schriftlich festgehalten.
Im November war die letzte Sitzung, und sie stellte sich vor, daß man sie gegen Ende der Versammlung ins Sitzungszimmer bitten würde, um sie in der neuen Position und in der Herrenrunde zu begrüßen. Am Tag der Sitzung war sie doch leicht nervös, und als drei Stunden nach Sitzungsbeginn noch immer niemand sie bat zu kommen, wurde sie unsicher. Nach vier Stunden stellte sie folgende Überlegungen an: »Eigentlich habe ich keine Garantien, daß der Vorstand doch eine Frau nimmt. Jetzt haben sie die ganzen Jahre verhindert, daß Frauen mitreden, also wird diese Sippschaft auch weiter zusammenhalten. Typisch Männer, die haben wahrscheinlich Angst, daß eine Frau den Finger auf die Schwachstellen im Betrieb legen könnte, ihnen zeigt, was das Unternehmen seit langer Zeit unter den Tisch kehrt und buchstäblich zum Himmel stinkt. Aber Frauen haben einfach noch die schlechteren Karten, und mich hielten sie immer schon für zu nachgiebig und zu tolerant. Natürlich habe ich nicht die Gewissenlosigkeit und Härte anderer Abteilungsleiter. Ich tue mich auch schwer, eine Entlassung oder Kündigung auszusprechen. Eigentlich bin ich als Personalchefin ungeeignet. Sie akzeptieren mich in dieser Position vielleicht nur deshalb, weil sie das Gefühl hatten, mit mir alles machen zu kön-

nen. Stimmt ja, denn wenn sie mir mit schlagkräftigen Argumenten wie Umstrukturierung, Straffung der Produktionskosten und all diesem Zeug kamen, gab ich oft nach. Was heißt oft, immer! Bin ich ganz objektiv, muß ich zugeben: Ich habe versagt! Setzte ich eine neue Personalpolitik durch? Nein! Würde ich im Betrieb fehlen? Eine Zeitlang vielleicht, doch mit Hilfe meiner tüchtigen Sekretärin würde sich ein Nachfolger bald einarbeiten.« Sie schaute noch einmal auf die Uhr, es war bereits acht. Niemand war mehr im Haus, außer den gewissenlosen Umweltzerstörern. Sie begann zu zittern und ging leise auf den Gang, bis zur Tür, hinter der die Runde tagte. Dann nahm sie ihren ganzen Mut zusammen und überlegte sich: »Wenn ich auch auf dem Personalsektor versagt habe und sie erkannten, daß ich leicht zu manipulieren bin und keine echte Kompetenz habe, so will ich doch wenigstens einen starken Abgang!« Sie klopfte kurz an, betrat den Raum, sah die erstaunten Gesichter der Herren und legte los: »Ich bin mir bewußt, daß es traurig ist, wie wenig ich in den letzten Jahren erreicht habe. Ich stehe nicht an, dies zuzugeben. Sie jedoch, ein frauenfeindlicher Aufsichtsrat, sind widerliche, gewissenlose, profitgierige Umweltzerstörer. Ich pfeife auf die Alibifunktion, die sie mir vielleicht geben wollten.« Sie sah die verblüfften Gesichter und sagte zum Abschluß: »Ich pfeife nicht nur auf einen Aufsichtsratsposten, ich kündige auch als Personalchefin. Stecken Sie sich Ihre Ernennung, wohin Sie wollen!«

Sie verließ das Sitzungszimmer, ging schnurstracks in ihr Büro, schrieb ihr Kündigungsschreiben, gab es auf dem Heimweg eingeschrieben auf, warf sich zu Hause auf ihr Bett und schluchzte herzzerreißend. Sie empfand sich als Schande für alle berufstätigen Frauen und als Versager: nicht durchsetzungsfähig, manipulierbar, unfähig, ihre Ideen zu realisieren, den Männern unterlegen, und als ihr dann noch ihre private Beziehungstragödie in den Sinn

kam, war sie so zerstört, daß sie nicht imstande war, auf das Läuten des Telefons zu reagieren. Den ganzen nächsten Tag verbrachte sie im Bett. Um fünf Uhr abends läutete ihre Wohnungsklingel gute fünf Minuten lang. Darum machte sie auf. Draußen stand ihre Sekretärin. Sie drückte ihr das Sitzungsprotokoll in die Hand und sagte: »Ich weiß nicht, was gestern passiert ist, doch alle haben heute erfahren, daß der Generaldirektor außer sich ist, weil Sie angeblich durchgedreht sind. Er hat wörtlich gesagt: ›Wir können froh sein, daß wir Frau XY nicht mit dem Aufbau eines Umweltkonzeptes für unser Unternehmen betraut haben und sie jetzt nicht im Aufsichtsrat sitzt. Ich hätte das nie geglaubt: Eine Frau ohne jedes Selbstvertrauen und mit solch nervlichen Einbrüchen! Wir hielten sie für eine Topmitarbeiterin und eine selbstbewußte Frau. Sie war bis gestern tatsächlich Gewissen und Vorbild für uns Männer. So kann man sich täuschen!‹«
Frau XY sagte zu mir als Begrüßung: »Ich bin das blödeste Weibsstück der Welt!« Sie ist eine blitzgescheite Frau, aber leider ohne Selbstvertrauen und Selbstbewußtsein.

Bescheidenheit zur rechten Zeit

Ich meine, daß sich jeder von uns an Situationen erinnert, in denen wir bar jeden Selbstbewußtseins handelten. Doch es ist sinnlos, über vergossene Milch zu weinen. Sie haben die Möglichkeit, das jederzeit zu ändern und gleich heute damit zu beginnen, selbstbewußter zu denken, zu sprechen, zu handeln, zu sein! Sind Sie mit Selbstbewußtsein, Fleiß, Umsicht, Mut und Wissen an etwas herangegangen, und wenn Sie Anerkennenswertes geleistet haben, wäre es grundfalsch, Bescheidenheit zu demonstrieren. Lassen Sie in diesem Fall das Bescheidenheitsgetue, und

nehmen Sie Lob an. Kosten Sie Lob – es schmeckt! Die Rolle des »Selbstlosen« spielen Sie, wenn Sie sich mit einem »Ist doch nicht der Rede wert« degradieren.
Haben Sie sich bemüht und waren Sie erfolgreich, kreativ, genial, dann verwandeln Sie diesen abgedroschenen unechten Satz in: »Danke, ich freue mich über Ihre Anerkennung.« Sagt Ihnen ein Bekannter, daß Sie gut aussehen, und lobt jemand Ihre Intelligenz, genießen Sie es doch um Gottes willen. »Meinen Sie das ehrlich?« oder: »Sie schmeicheln mir« streichen Sie rot durch. Denken Sie nicht nach, ob es der andere ehrlich gemeint haben könnte, nehmen Sie das Positive an. Setzen Sie sich nicht selbst aus falscher Bescheidenheit herab, wenn andere das Gegenteil behaupten.

Halten Sie immer zu sich,
denn niemand ist Ihnen näher als Sie selbst!

Beherzigen Sie diesen Satz, und es geht Ihnen bald besser. Jeder Schritt zu sich selbst ist ein Schritt zu mehr Selbstbewußtsein. Im nächsten Kapitel möchte ich Sie mit einem Selbstbewußtseinstraining vertraut machen, das Ihnen helfen wird, durch stimmiges Handeln selbstbewußter zu werden. Gleichzeitig finden Sie eine innigere Verbindung zu Ihrem »wahren Wesen, wie es Schöpfungswille ist«.

12. Kapitel

Im 12. Kapitel lesen Sie:

- Das Selbstbewußtseinstraining
- Sich seiner Gefühle bewußt zu werden, führt zu selbstbewußten Handlungen
- Oftmals ist »vor-denken« weit besser als »nach-denken«
- Meine Aufforderung: »Handeln Sie nicht kopflos, sondern selbstbewußt!«

Selbstbewußtseinstraining

Ausgangssituation ist, daß von Ihnen eine Aktion gefordert wird. Das kann im privaten Bereich eine Entscheidung sein, die zu treffen ist, oder eine geschäftliche Angelegenheit will geregelt werden, oder es steht einfach eine Aussprache bevor ... (In Klammern führe ich ein Beispiel an, damit Sie sich besser auskennen.)

Sich seiner Gefühle bewußt zu werden, führt zu selbstbewußten Handlungen

Setzen Sie sich an einen ruhigen Platz, entspannen Sie sich auf die Ihnen angenehmste Art (Felder der Farben, Muskelan- und -entspannung) und gehen Sie in den Alpha-Zustand. Machen Sie sich die anstehende Entscheidung (Aktion) bewußt.
(Beispiel: Ich habe das Angebot einer anderen Firma erhalten, bei ihr zu arbeiten. Ich weiß nicht, wie ich mich entscheiden soll. Die positiven Kriterien sind: die Bezahlung ist besser, die Arbeit ist interessanter, die Firma ist größer und sehr innovativ, ich habe viel mehr Aufstiegsmöglichkeiten. Negative Kriterien sind: der neue Arbeitsplatz ist weiter entfernt, ich tausche einen sehr netten Kol-

legenkreis gegen unbekannte Mitarbeiter, ich werde nicht umhin können, in meiner freien Zeit Fortbildungskurse zu besuchen, ich werde in einem Großraumbüro arbeiten, was ich nicht schätze.)

Denken Sie nicht nach – sondern vor!

Die erste Reaktion, die Ihnen zur anstehenden Angelegenheit einfällt, nehmen Sie an; beginnen Sie diese emotional zu befühlen! Ist Ihnen das Wort »befühlen« fremd, setzen Sie »hinspüren« ein. Indem Sie *nicht nachdenken*, was der oder die anderen dazu sagen, denken, meinen, sondern Ihre Aktion visualisieren und in Ihr Gemüt, in Ihr Herz, in Ihre Seele – also *in sich selbst hineinspüren*, befühlen Sie sich!

(Weiter in unserem Beispiel. Sie entscheiden sich: »Ich kündige und nehme die neue Stelle an.«)

Spüren Sie nun in sich hinein – befühlen Sie sich: Wird mir dabei warm ums Herz? Oder spüre ich Angst? Bekomme ich Herzklopfen aus Freude oder vor Aufregung? Fühle ich Erwartung? Oder spüre ich Traurigkeit? Entspannt sich mein Körper? Oder verspanne ich mich? Fühle ich mich gut dabei? Oder wird mir flau im Magen? Welche angenehmen Empfindungen habe ich noch? Welche unangenehmen Empfindungen habe ich noch?

(Indem Sie sich geistig in der neuen Stellung erleben und davon vor sich hinträumen, beobachten Sie sich selbst:

Denke ich an die Herausforderungen der neuen Aufgabe, so fühle ich Stolz und freudige Erregung: emotional, geistig und körperlich. – Stelle ich mir die weitere Fahrtstrecke vor, und denke ich an die Stunde, die ich pro Tag dadurch verliere, reagiere ich neutral; es regt mich nicht auf – ich bleibe körperlich entspannt. – Erinnere ich mich an die netten, gewohnten Kollegen, und denke ich dann an neue, unbekannte Mitarbeiter, steigt ein leises Gefühl der Traurigkeit und der Befangenheit auf. – Stelle ich mir vor, wie mein Kontoauszug statt des jetzigen Gehaltes das neue, üppigere ausweist, beginne ich zu lächeln. – Erlebe ich in meiner Vorstellung meine neue Tätigkeit, dann stelle ich mir die Aufstiegsmöglichkeiten vor und wie es sein wird, weitreichende Entscheidungen eigenständig zu treffen; ich werde ganz kribbelig vor Freude. – Wenn ich mir das Großraumbüro vorstelle, verspanne ich mich. – Stelle ich mir vor, wie ich abends an einem Weiterbildungskurs teilnehme, fühle ich eigentlich großes Interesse, zu erfahren, was es Neues in meiner Branche gibt.)

Befühlen Sie sich zu jedem Kriterium,
und spüren Sie sensibel in sich hinein!

Lassen Sie sich von Ihren Emotionen und körperlichen Reaktionen leiten. So werden Sie zu selbst-bewußtem Handeln geführt. Stellen sich nur gute Gefühle, Wärme und Entspannung ein, wissen Sie, was für Sie gut ist. Sie können nichts Besseres tun, als genau danach zu handeln.

Haben Sie überwiegend gute Gefühle, doch ein wenig Angst vor der eigenen Courage und vor Neuem, machen Sie sich diese Angst bewußt. Fragen Sie sich: »Was macht mir angst dabei?«, und geben Sie sich ehrliche Antworten. (Das Großraumbüro verursacht mir Unbehagen, weil ich glaube, daß meine Privatsphäre leidet. »Was hat meine Privatsphäre mit meinem Beruf zu tun? Nichts! Was habe ich zu verstecken? Nichts! Will ich geheime Gespräche führen? Nein! Zuviel Lärm? Ja, vielleicht! Erkenntnis: Ich scheue Ungewohntes immer. Also kein Grund zur Panik.«)

Trotzdem spüren Sie noch immer Unbehagen und eine leise Angst. Gehen Sie die alte Situation und die neue noch

mal durch. Plötzlich finden Sie sich bei der Vorstellung des Kündigungsgespräches mit dem langjährigen, sehr angenehmen Chef – und in diesem Augenblick erkennen Sie darin den Grund Ihrer Angst. Gehen Sie in das Gespräch hinein, und denken Sie wieder *vor* statt *nach*! Nehmen Sie Ihr Herz in beide Hände, und sagen Sie (vorerst in der Vorstellung und später tatsächlich) Ihrem langjährigen Chef ehrlich und offen die Gründe für Ihren Wechsel. Sagen Sie ihm, wie wohl Sie sich in seinem Betrieb gefühlt haben (nur wenn es wahr ist!) und wie dankbar Sie für die vergangenen Jahre sind. Erklären Sie ihm die Vorteile der neuen Stellung und warum Sie diese wahrnehmen wollen. (Ist Ihnen danach, ihm einfach einen Kündigungsbrief mit drei Zeilen auf den Tisch zu knallen, weil Sie zu feige für ein Gespräch sind, agieren Sie nicht selbstbewußt, sondern armselig. Erzählen Sie mir nicht, daß dieses Vorgehen für Sie stimmiger ist und Sie es »erfühlt« haben.)
Sind Sie mit sich selbst ins Reine gekommen, weil Sie die neue Situation körperlich, geistig und seelisch als positiv empfinden, haben Sie sich nach Ihren innersten Bedürfnissen entschieden.

Sie haben sich von Ihrer Freude leiten lassen.
Ihr Körper, Ihr Geist und Ihre Seele sagen:
»Ja!«

Das ist eine wunderbare Voraussetzung, damit Sie ein selbstbewußter, engagierter, neuer Mitarbeiter werden.
Hatten Sie überwiegend negative Gefühle bei Ihrer Vorstellung, verspannten Sie sich körperlich, wurde Ihnen kalt, bekamen Sie unangenehmes Herzklopfen, runzelten Sie die Stirn, wurde Ihnen flau im Magen – dann bleiben Sie, wo Sie sind! Seien Sie selbstbewußt genug, um zu sagen: »Ich fühle mich wohl, wo ich jetzt bin, darum möchte ich mich nicht verändern. Für mich ist das Klima in mei-

nem Betrieb ausschlaggebend. Aufstiegschancen und mehr Einkommen sind mir nicht so wichtig.« Lassen Sie sich nicht von wohlmeinenden Freunden, und auch nicht vom Partner, zu einer Handlung drängen, die nicht Ihren Bedürfnissen entspricht!

Nicht nach-denklich, selbstbewußt!

Anfangs fiel es mir schwer, über Wünsche und deren Erfüllung, über mein Tun und Verhalten und dessen Ausführung nicht nachzudenken und »nach-denklich« zu handeln, sondern meine Bedürfnisse zu befühlen, indem ich sie vorauserlebte und mich von meinen positiven körperlichen und emotionalen Empfindungen leiten ließ. Beginnen Sie mit kleinen Entscheidungen. Sie werden sehen, wie wunderbar Sie damit weiterkommen. Sie tanken eine Menge Selbstvertrauen und erkennen immer mehr, daß Sie auf diese Art ein gesundes Selbstbewußtsein entwickeln.

Ich neigte früher zu »kopflosen« Entscheidungen, die mir viele »ungute Suppen« zum Auslöffeln bescherten. Heute weiß ich, daß ich Sie nicht kopflos, sondern eigentlich »bewußt(seins)los« traf. Ich fand es fast kurios, wie sehr ich mich anfangs überwachte, um nicht wieder spontan »Ja und Amen« zu sagen und anschließend deshalb eine Gänsehaut zu bekommen. Das heißt nicht, daß mir jede Spontaneität fehlt. Habe ich in einer bestimmten Situation sofort gute Empfindungen, Lust dazu und Freude, tue ich es. Saust mein Magen spontan in den Keller und stellen sich meine Haare auf, lasse ich es. Ich mache nichts mehr »bewußt(seins)los«, sondern befühle es kurz. Übung macht den Meister – üben Sie oft! Sie werden bald meisterlich schnell wissen, was für Ihr Selbstbewußtsein das Beste ist.

Ich bin gut zu mir und stolz auf mich,
denke liebevoll über mich,
stehe mir stets treu zur Seite
und lasse mich von der Freude leiten!

Sagen Sie sich diese Sätze vor, wenn Sie die Übung für die Entwicklung Ihres Selbstbewußtseins beginnen und wenn Sie diese Übung beenden – und immer, wenn Sie an sich zu zweifeln beginnen –, und handeln Sie danach! Damit haben Sie wieder einen Schritt über Ihre derzeitigen Grenzen geschafft. Die Reise ins »selbstbewußte Leben« ist spannend und manchmal abenteuerlich, bestimmt nie gefährlich, und sie könnte Sie ins Paradies bringen ... Viel Spaß für unterwegs – und: Denken Sie immer »vor«!

13. Kapitel

Im 13. Kapitel lesen Sie:

- Wieviel brauchen Sie?
- Der große Unterschied zwischen »Brauchen« und »Wollen«
- Leichter ist nicht immer besser!
- Akzeptieren bedingt innere Stärke
- Die Kunst des Maßhaltens
- Trinken Sie von der Quelle des Lebens!

Wieviel brauchen Sie?

Dieses letzte Kapitel meines Buches liegt mir besonders am Herzen, und ich hoffe, ich kann es so schreiben, daß Sie verstehen, was ich vermitteln möchte.

Zum einen wünsche ich Ihnen selbstverständlich, daß Sie uneingeschränkt glücklich werden, gesund sind, von Liebe und Harmonie geleitet durchs Leben gehen und alles erreichen, was Sie begehren und ersehnen.

Zum anderen bin ich mir bewußt, daß jeder durch mentales und visionäres Vorstellungsvermögen eine Kraft zu bewegen lernt, mit der wir sehr behutsam und verantwortungsbewußt umzugehen haben. In dem Maße, in dem Sie erfolgreich mit meinem Buch und den darin beschriebenen Übungen arbeiten und positive Ergebnisse erzielen, werden Sie immer überzeugter, daß (fast) alles erreichbar ist. Sie erkennen, wahrscheinlich mit zunehmendem Erstaunen und Freude, wie uneingeschränkt schöpferisch Sie sind. Ich weiß, daß nicht jeder von Ihnen im Handumdrehen spektakuläre Ergebnisse erzielt. Doch ausgehend von kleinen Erfolgen werden Sie sicherer, mutiger und überzeugter. Der Fleißigste, Unbeirrteste, Ausdauerndste, der mit starken Emotionen seinen Visionen viel Kraft gibt, wird sehr schnell erkennen, was ich meine. Mit dem folgenden Satz beginnt mein Appell an Sie. Er ist liebevoll gedacht und unterstellt Ihnen keinerlei böse Absichten – er ist mir ein Bedürfnis.

»Der Schöpfer ist immer größer als sein Geschöpf.«

Ich möchte Ihnen aus den Erfahrungen meiner letzten Jahre berichten. So werden Sie verstehen, wovor ich warnen will, damit Sie vor Schaden bewahrt bleiben. Dieser entsteht aus mißbräuchlicher Anwendung der mentalen Kraft, indem Sie nicht erkennen, was Sie wirklich brauchen, sondern nehmen, was Sie wollen.
Vor einigen Jahren begann eine leise, drängende Stimme mir zuzuflüstern: »Mach noch etwas aus deinem Leben. Du hattest doch Träume! Dein bisheriges Leben kann noch nicht alles gewesen sein!« Der Entschluß, auf mein Herz zu hören, meiner Seele Ausdruck zu verleihen, war nicht leicht. Denn damit verbunden war eine Wendung um 180 Grad. Ich machte nicht nur beruflich eine Kehrtwendung, auch mein Privatleben veränderte sich. Ich war fast dreißig Jahre, Tag für Tag, mit meiner Familie zusammen und stets mit Rat und Tat zur Stelle. Als ich Seminare zu besuchen begann, meine schriftstellerische Ausbildung machte, wurde das anders. War ich eine ganze Woche weg, plagte mich anfangs oft das schlechte Gewissen. Früher forderte wohl mein Unternehmen sehr viel persönlichen Einsatz, und so war ich nie ein Heimchen am Herd. Ich erledigte meinen Haushalt (mit Hilfe einer Perle) stets im »Ruck-Zuck-Verfahren«. Doch nun wurde eine Menge anders. Durch meine große Begeisterung für das Schreiben und mein Interesse an allem, das mit unseren geistigen und seelischen Kräften zusammenhängt, entstand für mich eine neue Form zu leben. Ich begann, mich unaufhaltsam innerlich und in meinen äußeren Lebensumständen zu verändern. Ich bekam einen »Gewissenskater«: Da galt es, sich von der Meinung aller »Wohlmeinenden« frei zu machen und das alte Gedankenmuster abzulegen, daß eine verantwortungsbewußte Unternehmerin und Ehefrau nicht einfach sagen kann: »Ab jetzt wird mein Leben anders!«,

sich voll Begeisterung wieder auf die Schulbank setzt, zu schreiben beginnt, einschlägige Seminare besucht und sich engagiert all dem zuwendet, was ich heute »geistige Lebensgestaltung« nenne. Ich schuf mir eine neue Welt, in der sich mein Partner anfangs nicht zurechtfand. Inzwischen hat er sich von meinen Erfahrungen genau das angeeignet, was ihm guttut und ihn in seiner künstlerischen Gestaltungskraft fördert.

Der Tupfen auf dem i waren Freunde und Bekannte, die mich und meine Intentionen überhaupt nicht verstanden und eher belustigt meine fortschreitende Verrücktheit beobachteten. Mein Schwung und meine Begeisterung konnten jedoch von nichts und niemandem gebremst werden. Dadurch, daß ich immer mehr mentales Wissen anhäufte und damit eifrig arbeitete, sammelte ich Erfahrungen, und es stellten sich Anfangserfolge ein. Ich probierte viel, versuchte die Wirksamkeit verschiedener Techniken zu ergründen, und wurde allmählich recht erfolgreich. Zumindest empfand ich das so.

Damals faszinierte mich eine bestimmte Art von Mentaltraining, dessen konkrete Ergebnisse mich überraschten. Eines Tages entdeckte ich, daß ich in der Lage war, Menschen und Situationen zu beeinflussen. Ich machte Versuche, damit ich »Zufallstreffer« ausschließen konnte, und der Erfolg machte mich übermütig. Ich tat nichts Tragisches oder Schlechtes, doch ich ging nicht in der rechten Art und Weise damit um: sorgfältig, demütig und gewissenhaft! Mein Ego hatte Spaß daran, »etwas zu können, was nicht ganz normal war und nicht jeder konnte«. Ich praktizierte dieses »Können« so lange, bis ich bemerkte, daß es mir nach jedem gelungenen »Experiment« geistig, und vor allem auch körperlich, nicht gut ging. Ich bin meinem Selbst, meiner geistigen Führung oder meinem Gewissen (oder was immer es gewesen sein mag) sehr dankbar, daß ich nach jedem »Erfolg« einen »Dämpfer« bekam. Ich begriff:

»Was du tust, ist nicht in Ordnung, denn das brauchst du nicht, und es ist nicht im Sinne schöpferischer Harmonie!« Ich habe »mentale Manipulationen« sofort und für immer sein gelassen und mich für meine innere Ethik zu interessieren begonnen. Ich begriff, worauf es beim Mentaltraining ankommt, um erfolgreich zu sein, und weil ich begriffen hatte, lernte ich, bewußt zu verzichten; ich klärte vor jedem Wunsch die Fragen:

Brauche ich das?
Bringt diese Erfüllung mehr Freude in mein Leben?
Schadet es jemand?
Stimmt das, in dem Ausmaß, für mich?

Die leichtfertigeren Begleiter bei diesem Bewußtseinsprozeß waren mein Ego, mein Verstand und auch mein Unterbewußtsein. Sie versuchten, mich oft zum müheloseren Weg zu überreden. Gott sei Dank lernte ich auch meine gewissenhaften Begleiter kennen: meine Seele, mein Herz, meinen Mut, mein Vertrauen zu mir selbst. Wandte ich mich zur rechten Zeit an sie, fand ich Beistand und Kraft, wenn hin und wieder die Versuchung kam, »es mir einfacher zu machen«.

Brauchen oder wollen?

Diese zwei Wörter sind sehr wichtig für Sie, wenn Sie beginnen, mit Ihrer mentalen Kraft zu arbeiten. Die Gefahr, geistig-schöpferische Macht zu mißbrauchen, ist leider da. Es ist verlockend, ein Endergebnis zu visualisieren, es mit starker Energie aufzuladen und »zu bekommen, was ich will«! Wir vergessen zu gerne, daß der leichte Weg keinesfalls stets der beste ist – Sie alle wissen das.

Wenn wir uns etwas wünschen,
weil wir es wollen,
es jedoch nicht brauchen,
mißbrauchen wir Schöpferkraft!

So habe ich gelernt, mein neues Leben auf das »Brauchen« hin zu hinterfragen. Da fielen eine Menge Wünsche durch den Rost. Die unmittelbare Folge war, daß mein Leben wieder harmonisch wurde und ich wieder eine gute Beziehung zu meinem Gewissen fand. Ich klärte für mich, daß ich nur tue, was mich glücklich und gesund macht und mit großer Freude erfüllt. Ich schade und verletze mit meiner Mentalarbeit niemanden und gebe diese »geistige Technik« ausschließlich in diesem Sinne weiter. Ich fühle, daß meine jetzige Tätigkeit, mit all ihren Facetten, derzeit für mich stimmt. Vielleicht möchte ich später noch etwas anderes machen? Ich werde in keinem Fall eine »bewußt(seins)lose Entscheidung« treffen. Im gleichen Maße, wie ich innerlich glücklich und harmonisch bin, in dem Maße profitiert auch meine Mit-, Außen- und Umwelt von meinem Glück, meiner Freude und meiner Harmonie.
Als mein erstes Buch herauskam, machte ich blauäugig alles, was mir mein Verlag, Bekannte und Insider rieten. Ich hatte keine Erfahrung, was zu tun ist, um als Autorin bekannt zu werden. Ich schrieb und telefonierte, bis meine Finger wund waren, meine Ohren und die Drähte meines Telefons rauchten, und das Ergebnis war: Mein Buch »ging« nicht! Bis meine Familie »mich an mich selbst erinnerte«. Sofort tat ich nur noch das, was ich intuitiv als richtig empfand. Ich sandte, durch eine schlichte mentale Vorstellung, mein Buch allen Menschen, die es brauchen – und der Buchverkauf kam in Gang. Mit diesem Buch mache ich es genauso. Ich bin sicher, es findet seinen Weg zu den Menschen, für die es gut und wichtig ist! Ich habe

mich nicht von der Realität entfernt und weiß, daß ein Verlag vom Verkauf seiner verlegten Bücher lebt. Doch ich bin nicht der Verleger, und ich gestatte mir als Autorin eine andere Motivation: Liebe, Zuwendung und Freude – und es ist das eine (das Geschäft) mit dem anderen (der Absicht) zu verbinden. Ich freue mich riesig über den Verkaufserfolg meiner Bücher und auch über das damit verdiente Geld.
Am allermeisten freut mich, daß es sehr viele Menschen genau zum richtigen Zeitpunkt – als Sie es wirklich brauchten – in die Hand bekamen. Sie haben mir das geschrieben, und ich bin sehr glücklich darüber. Daß ich Radiointerviews gebe, Fernseh- und verschiedene PR-Auftritte absolviere, gehört dazu. Ich erinnere auch Sie daran, daß nach dem mentalen Verursachen das Handeln im Außen kommt. Ich blieb offen für die Situationen, die mir das Leben im Zusammenhang mit meinem Buch bot, und alles hat sehr schön geklappt – ich bin sehr zufrieden und dankbar. Daß mein Verlag natürlich noch mehr Bücher verkaufen will, verstehe ich, und ich helfe auch dabei. Doch wirklich wichtig ist mir, daß meine Leser meine Bücher nicht nur kurz überfliegen und sie dann weglegen. Sie alle sollen daraus Mut, Kraft, Hilfe, Zuwendung und Selbstvertrauen schöpfen.
In Wien können mich meine LeserInnen bei regelmäßigen Vortragsabenden im »Erfolgsclub«, 1030 Wien, Weißgerberlände 54, Tel. 01-712 80 47, treffen. Danach stehe ich stets allen Ratsuchenden kostenlos zur Verfügung. Der Club ist ein Treffpunkt für Gleichgesinnte, die sich weiterentwickeln wollen und erfolgreicher sein möchten. »Der Erfolgsclub«, geleitet von Wera Schmölzer, bietet eine breite Palette von Veranstaltungen und organisiert für mich (bei entsprechender Nachfrage) Veranstaltungen an jedem anderen Ort. Darüber hinaus betreut der »Erfolgsclub« mit seiner Seminarorganisation bekannte und bemerkenswerte

Vortragende, die, beginnend bei der Gesundheit, weiterführend zur Bewußtseinsentwicklung, bis hin zum praktischen Übungsabend, ihre Veranstaltungen abhalten (teilweise auch im Ausland). In diesem Club mit Herz finden viele Menschen den richtigen Ansprechpartner und ein geistiges Zuhause. Die Leute geben sich gegenseitig Mut und Kraft, und es werden wertvolle Freundschaften geschlossen.

Leichter ist nicht besser!

Machen Sie die Übung »Körperdialog« für das Gesundheitsbewußtsein, können Sie gar nicht übertreiben; je öfter, liebevoller und aufmerksamer Sie sich Ihrem Körper zuwenden, desto aufmerksamer, liebevoller und gesünder wird er darauf reagieren.
Beginnen Sie mit den Übungen für ein »gesundes« Wohlstands- und Erfolgsbewußtsein, bitte ich Sie, vorher Ihr Bedürfnis, ob Sie etwas »nur wollen« oder »wirklich brauchen«, genau zu klären. Selbst wenn es Ihnen amüsant, unglaublich oder unnötig vorkommt: Ich warne Sie vor Mißbrauch, denn ich erlebe, wie sehr mich Menschen bedrängen, ihnen zu verraten, »wie man es macht, damit alles leichter geht« ...

Akzeptieren können

Manchmal fragt mich jemand: »Warum raten Sie oft, etwas zu akzeptieren? Wir können durch das schöpferische Bewußtsein doch alles erreichen?« Ich versuche immer mit einem Beispiel zu antworten: »Ein Mensch an der Spitze eines Staates hat sehr viel Macht. Er könnte sich eigentlich jeden Wunsch erfüllen. Hier scheiden sich nun die Geister! Wie er diese Macht einsetzt, ist Beweis dafür, ob er

ein weiser und guter Herrscher ist, der für seinen Staat und dessen Bewohner das Beste will, oder ob er ein eigenmächtiger Despot ist, der gewissenlos und zu seinem Vorteil regiert. Der weise Herrscher, Präsident, Politiker, wird die Liebe und Unterstützung seiner Anhänger haben. Sie werden für ihn durchs Feuer gehen, und er wird sich, obwohl er auf vieles verzichtet, sehr gut fühlen. Der Despot, der Macht mit Eigennutz verbindet, mag Gehorsam vorfinden, weil er gefürchtet ist. Verehrung, Zuneigung, Verbundenheit, Bewunderung, Gefolgschaft werden ihm verwehrt sein, und ich glaube, daß er nicht glücklich ist.«
Sie brauchen diese Metapher nur auf Ihr Umfeld, Ihren Lebensbereich zu übertragen – wie im großen, so im kleinen! Kann ein Mann kraft seiner Mächtigkeit jede Frau haben, so ist es ihm trotzdem unmöglich, wahre Liebe zu kaufen. Er kann sich Männer als Ja-Sager und Speichellecker halten, doch er findet keinen wahren Freund.

Weltliche Gefühle können Sie kaufen,
seelische Gefühle nicht!
Diese Grenzen sind jedem von uns gesetzt.

Es ist sinnlos, einen Menschen, der sich von mir getrennt hat, weil seine Liebe zu Ende war, mit mentaler Gewalt wieder in mein Leben zu ziehen. Es ist selbstverständlich möglich, das (zumindest für eine gewisse Zeit) zu erreichen – doch das Gefühl »Liebe« kehrt nicht mit zurück. Glauben Sie mir, diese Beziehung wird schlimmer enden als zuvor, denn irgendwann geht dieser »herbeigezauberte« Partner wieder, und Ihr Kummer findet nie sein Ende. Vergessen Sie Ihren eigenmächtigen Gedanken: »Bei mir hat er/sie es am besten«. Er genügt nicht als Legitimation, denn Sie vermuten nur ... Konzentrieren Sie sich doch darauf, herauszubekommen, was für *Sie* das Beste ist, und beginnen Sie sofort damit, sich das auch zu geben!

Es gibt Situationen im Leben,
an denen wir etwas verändern können!
Es gibt Situationen im Leben,
die nicht geändert werden können!
Bitten Sie um Weisheit,
damit Sie den Unterschied erkennen!

Haben Sie geklärt, was Sie wirklich brauchen, warum Sie es brauchen und ob es Ihr Leben mit viel Freude erfüllen wird, ist der erste Schritt getan. Anschließend klären Sie, ob Ihr Wunsch niemandem Schaden zufügt und für Sie stimmt. Befühlen Sie sich, während Ihre Antworten kommen. Spüren Sie in sich nur Zustimmung – haben Sie das Recht, eine Veränderung mental herbeizuführen, um dadurch wohlhabender, erfolgreicher, selbstbewußter und glücklicher zu werden.
Rührt sich Ihr Gewissen und spüren Sie inneren Widerstand, haben Sie eine Situation vorgefunden, die Sie nicht ändern, sondern akzeptieren sollten.

Akzeptanz ist das vorbehaltlose Ja
zu Dingen, gegen die wir machtlos sind.

Es gibt sie in jedem Leben: sei es der Tod eines lieben Menschen, sei es ein Gefühl, das wir festhalten wollen, sei es eine Beschränktheit unseres Körpers oder ähnliches. Je eher und aufrichtiger Sie »Ja« sagen und akzeptieren, desto schneller zieht Friede in Ihr Herz. Irgendwann geben Sie auch das Kämpfen auf, denn Sie begreifen, daß ein friedliches Gemüt nicht festhält, sondern losläßt. Viel schöner ist es, sich durch eigene Gefühle und Gedanken, die Sie ausstrahlen, Wünsche durch das Gesetz der Resonanz zu erfüllen. Sie senden Positives aus – und Gleiches kommt zurück. Das ist mentale Kraft auf die weiseste, liebevollste und wahrlich schöpferische Art eingesetzt.

Durch die geistige Gesetzmäßigkeit der Resonanz können wir nicht nur die Welt beschützen, friedfertiger und lebenswerter machen, wir können uns auf eine zwar etwas unspektakuläre, jedoch sehr sichere Weise glücklich machen und können stolz auf uns als Individuum und auf unsere Welt sein.

Die Kunst des Maßhaltens

Das Universum hält alles für uns bereit. Doch:

Nimmt sich jeder, so viel er will
und so oft er will,
nimmt er sich mehr, als er braucht.

Ich denke, darin liegt ein großes Geheimnis. Halten Sie sich daran, dann werden Sie lernen, erfolgreich Ihre mentale Kraft für sich arbeiten zu lassen, und es wird für Sie, für Ihre Lieben, Ihre Mitarbeiter, Ihre Umwelt, einfach für uns alle gut und förderlich sein.
Nehmen Sie vom Universum mehr, als es für Sie bereithält, für Sie vorgesehen ist, handeln Sie eigenmächtig und egoistisch und werden keine echte Freude mit dem Erreichten haben. Glauben Sie mir:

Der Schöpfer ist immer und jederzeit größer
als sein Geschöpf!

Diese Worte sind nicht von mir – doch nehmen Sie sich den Inhalt zu Herzen. Er wird Sie Zeit Ihres Lebens davor bewahren, in Disharmonie mit Ihrer geistigen und materiellen Welt zu kommen.

Bringen Sie die Quelle zum Sprudeln

Stellen Sie sich vor, Sie gehen auf einen Berg und suchen eine Quelle. Sie haben eine Wünschelrute in der Hand, die Ihnen anzeigt, daß in der Erde, zwischen Felsen und Geröll, eine Quelle ist. Sie können das Wasser unterirdisch bereits murmeln hören, direkt riechen. Weil Sie erwarten, daß bald wunderbar klares Wasser kommt, beginnen Sie freudig zu graben. Sie zweifeln keinen Augenblick an dem Ergebnis, und die Mühe, das Erdreich und die Steine wegzuräumen, bemerken Sie kaum.

Sind es zuerst nur ein paar schimmernde Tropfen, wird Ihre Arbeit bald mit einem glitzernden Schwall, der sich in Ihre erwartungsvoll geöffneten Hände ergießt, belohnt. Lachend trinken Sie. Sie sind glücklich, weil Ihre Erwartungen erfüllt wurden und nicht nur Ihr Durst, sondern auch der vieler Mitmenschen, vieler Tiere und Pflanzen durch Ihren Glauben, Ihr intuitives Wissen, Ihre Mühe und Arbeit gelöscht werden kann.

Entdecken Sie, wie schön es ist,
nicht nur für sich selbst,
sondern auch für andere
die Quelle des Lebens zum Sprudeln zu bringen!

Literaturhinweise

Abd-Ru-Shin: »Im Lichte der Wahrheit«, Band I, II, III, Verlag der Stiftung Gralsbotschaft, Stuttgart

Akerberg, Katja: »Die Haut, Spiegel des Stoffwechsels«, Herbig Verlag, München

–: »Die neue sanfte Medizin«, Herbig Verlag, München

Bettger, Frank: »Lebe begeistert und gewinne«, Oesch Verlag AG, Zürich

Bianca, Ricarda: »Die Geburt der Freude«, Dr. F. Weiss Verlag GmbH, München

Börner-Kray, B.: »Der geistige Weg zum Überleben«, Peter Erd Verlag, München

Bo-Yin-Ra: »Der Sinn des Daseins«, Kober Verlag, Bern

–: »Das Buch vom Glück«, Kober Verlag, Bern

Brost, Hauke: »Jogging für den Kopf«, Herbig Verlag, München

Chopra, Deepak: »Die sieben geistigen Gesetze des Erfolges«, Heyne Verlag, München

–: »Die unendliche Kraft in uns«, Heyne Verlag, München

Dahlke, Rüdiger: »Reisen nach Innen«, Hugendubel (Irisiana) Verlag, München

Dalai Lama: »Weiter Ozean«, Synthesis Verlag, Essen

–: »Das Auge einer neuen Wachsamkeit«, Goldmann Verlag, München

Eggetsberger, Gerhard H.: »Power für den ganzen Tag«, Orac Verlag, Wien

–: »Charisma-Training«,Orac Verlag, Wien

–/Eder K. H.: »Das Kopftraining der Sieger«, Orac Verlag, Wien
Feldenkrais, Moshe: »Abenteuer im Dschungel des Gehirns«, suhrkamp Verlag, Frankfurt am Main
–: »Das starke Selbst«, suhrkamp Verlag, Frankfurt am Main
Frankl, Viktor E.: »...trotzdem Ja zum Leben sagen«, Deutscher Taschenbuch Verlag, München
–: »Verborgene Wirklichkeiten«, Verlag Breidenstein, Frankfurt am Main
–: »Der leidende Mensch«, Huber Verlag, Bern
–: »Was nicht in meinen Büchern steht«, Huber Verlag, Bern
–: »Der Wille zum Sinn«, Huber Verlag, Bern
Freedom-Long, Max: »Geheimes Wissen hinter Wundern«, Bauer Verlag, Freiburg
Friebe, Margarete: »Vom Kopf zum Herzen«, Oesch Verlag, Zürich
–: »Das Alpha-Training«, Oesch Verlag, Zürich
–: »Das Omega-Training«, Oesch Verlag, Zürich
–: »Geh durchs Tor, Miranda«, Oesch Verlag, Zürich
Gawain, Shakti: »Leben im Licht«, Heyne Verlag, München
–: »Im Garten der Seele«, Heyne Verlag, München
Geesing, Hermann, »Immun-Training«, Herbig Verlag, München
Grimm, A. Bernhard: »Ethik des Führens«, Wirtschaftsverlag Langen Müller/Herbig, München
Griscom, Chris: »Die Frequenz der Ekstase«, Goldmann Verlag, München
Hackl, Monnica: »Crystal Energy«, Herbig Verlag, München
–: »Qi Gong für jeden Tag«, Herbig Verlag, München
Hanisch, Karl Heinz: »Magnetfeldtherapie«, Dr. Werner Jopp Verlag, Wiesbaden
Herzog, Dagmar: »Mentales Schlankheitstraining«, nymphenburger Verlag, München
Holbe, Rainer: »Phantastische Phänomene«, Herbig Verlag, München
Imai, Masaaki: »Kaizen«, Wirtschaftsverlag Langen Müller/Herbig, München
Jahn, Elfriede: »Das 1 x 1 des Kartenlegens«, Ibera Molden Verlag, Wien

Jung, Carl Gustav: »Der Mensch und seine Symbole«, Walter Verlag, Olten
Kath, Joachim: »V-Management«, Wirtschaftsverlag Langen Müller/Herbig, München
Kelder, Peter: »Die ›Fünf Tibeter‹«, Integral Verlag, Wessobrunn
Kobayashi, Kazuhiko: »Busineß mit Japan«, Wirtschaftsverlag Langen Müller/Herbig, München
Krotoschin, Henry: »Huna Praxis«, Bauer Verlag, Freiburg
Kummer, Peter: »Ab heute besser drauf«, Herbig Verlag, München
–: »Nichts ist unmöglich«, Herbig Verlag, München
–: »Ich will, ich kann, ich werde«, Herbig Verlag, München
Lederer, Joe: »Von der Freundlichkeit der Menschen«, Herbig Verlag, München
Löbsack, Theo: »Die manipulierte Seele«, Econ Verlag, Essen
Martin, Manfred/Pörner, Susi: »Das neue Management«, Wirtschaftsverlag Langen Müller/Herbig, München
Meckelburg, Ernst: »Zeitschock«, Langen Müller Verlag, München
Mühlhaus, Gisela: »Heilung aus dem Selbst«, Mary Hahn Verlag, München
Murphy, Joseph: »Dein Recht auf Glück«, Herbig Verlag, München
–: »Werde reich und glücklich«, Herbig Verlag, München
–: »Ihr Weg zur inneren Sicherheit«, Heyne Verlag, München
–: »Leben in Harmonie«, Goldmann Verlag, München
–: »Dr. Joseph Murphys Vermächtnis«, Ariston Verlag, Genf
Mussik, Reinhard: »Das Geheimnis großer Seher«, Herbig Verlag, München
Nolan, Ray: »Das Nostradamus-Testament«, Langen Müller Verlag, München
Peale, Norman Vincent: »Das Abenteuer des Lebens«, Heyne Verlag, München
–: »Der Plus-Faktor«, Heyne Verlag, München
–: »Dem Leben vertrauen«, Goldmann Verlag, München
Rabanne, Paco: »Der goldene Pfad«, Herbig Verlag, München
Rauch, Erich: »Die F. X. Mayr Kur«, Karl F. Haug Verlag, Heidelberg

–: »Auto-Suggestion und Heilung«, PAL Verlag, Mannheim
Rieth, Susi: »Planeten-Energie«, nymphenburger Verlag, München
–: »Die 7 Lotusblüten«, nymphenburger Verlag, München
Robbins, Anthony: »Grenzenlose Energie«, Heyne Verlag, München
–: »Wie Sie Ihre wahren inneren Kräfte sofort einsetzen«, Heyne Verlag, München
Rueger, Christian: »Die musikalische Hausapotheke«, Ariston Verlag, Genf-München
–/Zickendraht, Veronika: »Erfolg mit Stil«, Wirtschaftsverlag Langen Müller/Herbig, München
Senger, Gerti/Hoffmann, Walter: »Finden Sie Ihren PQ«, Herbig Verlag, München
Silva, José/Stone, Robert B.: »Die Silva Mind-Control-Methode für Führungskräfte«, Heyne Verlag, München
da Silva, Kim/Rydl, Do-Ri: »Kinesiologie«, Knaur Verlag, München
Silva Neto, Silvino Alves da: »Der Eremit«, Walter-Verlag, Düsseldorf
Sinhuber, Brigitte (Hrsg.): »Wer wagt, gewinnt«, Langen Müller Verlag, München
Steindl-Rast, David: »Die Achtsamkeit des Herzens«, Goldmann Verlag, München
Tepperwein, Kurt: »Die geistigen Gesetze«, Goldmann Verlag, München
–/Aeschbacher, Felix: »Erfolg ist das Ziel«, Oesch Verlag, Zürich
Walther, George: »Sag, was du meinst, und du bekommst, was du willst«, Econ Verlag, Düsseldorf
Watzlawick, Peter: »Anleitung zum Unglücklichsein«, Piper Verlag, München
Weiß, Josef: »Selbstcoaching«, Junfermann Verlag, Paderborn
Zimmermann, Werner: »Ich bin«, Drei Eichen Verlag, Ergolding

Bitte beachten Sie die folgenden Seiten

Bitte ausschneiden

Informations-Coupon

Bitte zutreffendes ankreuzen

- ☐ Ich möchte über alle Veranstaltungen der Autorin informiert werden
- ☐ und über Buch-Neuerscheinungen von Annemarie Trixner
- ☐ Ich wünsche regelmäßige Informationen über die Tätigkeit des »Erfolgsclub«
- ☐ über das Seminar- und Vortragsangebot
- ☐ über das Reiseprogramm nach Punkten

Ich freue mich über Ihr Interesse und verbleibe
mit freundlichen Grüßen

Ihre Annemarie Trixner

Meine Anschrift:

Name

Straße

PLZ/Ort

Telefon

Frau

Annemarie Trixner

Postfach 593

A-3101 St. Pölten

Bitte ausschneiden

Notizen

Notizen

Notizen

Notizen

Notizen